長嶋茂雄 永遠伝説

小林信也
Kobayashi Nobuya

さくら舎

長嶋茂雄 永遠伝説・目次

第一話　チビと呼ばれた少年

第二話　茂雄の進路

第三話　目指すは野球界の星

第四話　不屈の闘志でのぼっていく

第五話　天覧試合のホームラン

第六話　ON時代、栄光の日々

第七話　監督解任の衝撃

第八話　10・8決戦へ

第九話　日本中が熱狂した夜

長嶋茂雄 永遠伝説

第一話

チビと呼ばれた少年

三塁を守る長嶋

茂雄、生まれる

長嶋茂雄《ながしましげお》といえば、日本で知らない人はおりません。

いうまでもなく「国民的な人気者」でございます。

もっとも、子どもたちにはもう、なじみの薄い存在かもしれません。でも、昭和生まれなら知らない人はいないでしょう。

「長嶋茂雄を嫌いな人はひとりもいない」

といわれる特別な存在です。何しろ、巨人の永遠の宿敵・阪神のひいき筋《すじ》でさえ、「長嶋だけは憎めない」と口をそろえる。そんな野球選手は、長嶋以外にそうはおりません。


この本は野球にちなんで九イニング、つまり九話を予定しております。よもや延長戦にはなりませぬよう願っております。ま、チャンスに強い男・長嶋ですから、最終回を同点で迎えても、きっと起死回生の一発をかっ飛ばしてくれるでしょう。

九回まで、どうぞ愉快におつきあいくださいませ。

さて、当然といえば当然のことながら、長嶋茂雄が〝みんなの長嶋〟になる前の、いわば無名の時期はあるわけで、まだ注目を集める前の幼い時分、そして高校時代、いったい長嶋はどんな子どもだったのか、どうやってのちに国民的ヒーローになる素養を磨いていったのか。それが第一話の中心です。

まだ誰もが長嶋少年に才能を見出していない小学生、中学生のころ、茂雄がどんな少年だったかといえば、これが「チビ」だったのです。

あだ名もチビ。まわりから「チビ」「チビ」と呼ばれて育ちました。

これはまあ、きょうだいの構成にも影響があるでしょう。茂雄は4人きょうだいの末っ子でした。上に兄ひとりと姉ふたり。こうなると、どうしても家庭でも「チビ」と呼ばれがちです。実際に茂雄は同い年の子どもと比べて背が低かった。学校では列のいちばん前が定位置だったといいますから、わからないものです。

茂雄は昭和11年（1936年）2月20日の生まれです。

小学生になると太平洋戦争が激しくなり、生まれ育った千葉県印旛《いんば》郡《ぐん》臼井町《うすいまち》、いまの千葉県佐倉市の上空にも、しきりとアメリカの爆撃機「B29」が飛来するようになります。

茂雄少年は無邪気に両手を広げて、「ブーン、ブーン、敵機襲来！」などと、友だちと戦争ごっこで遊んでいました。まだ小学生でしたから、戦争の何たるかもよくわかりません。子どもゆえの戯《たわむ》れ事《ごと》でございましょう。

茂雄が9歳の夏、小学校4年のとき、長く続いた戦争が終わります。

8月15日昼、母にうながされ、ラジオの前に正座をしました。

雑音混じりのラジオから、天皇陛下の厳粛な声が流れてきました。話が難しくて茂雄にはさっぱりわかりません。けれども突然、いつもは冷静な父親が、ワーッと、声を上げて泣き崩れました。

床に突っ伏して取り乱す父親の姿を見て、

（大変なことになった！）

茂雄は子ども心に理解しました。

（ニッポンは、戦争に、負けた）

重い空気が家じゅうを、そして町じゅうを支配しました。

大人たちは、それからずっとビクビクしている。

「戦勝国が町に来たら、男は殺され、女はさらわれる」

口々にそう話し合っています。

茂雄は、わけもわからぬ恐ろしさに肝を冷やしました。

日本の敗戦

やがて、進駐軍がジープに乗ってやってきました。

鬼畜米英、あいつらは人間じゃない、鬼だ、野蛮なケダモノだ、そう教えられていた憎き連中です。はじめて見る鬼畜米英はたしかにでかい、おまけに金髪だ。けれど、やけに陽気で、ワアワアとわけのわからない言葉をしゃべり、子どもを見つけるとあめ玉やガムを投げてよこします。

「もらうんじゃない！」

最初はとがめていた大人たちも、そんな光景がごく日常的になると、次第に何も言わなくなりました。問答無用で殺される男はいない、女もさらわれたりはしなかった。それまで見たことがないほど、笑顔にあふれた、ほがらかな風景で満ちあふれました。子どもたちはすっかり進駐軍が来るのを待ちわびるようになりました。そして、誰に習うでもなく、必要な英語をちゃっかりと身につけました。

「ギブミー・キャンディー！」「ギブミー・チョコレート！」

ジープのあとを追いかける子どもたちの列が続きます。

「ギブミー！」「ギブミー！」

手を差し出す子どもたちの姿に、大人たちは唇を噛みしめました。

（よくもまあ、恥じらいもなく）

（戦争に負けさえしなければ、こんなみじめな思いはしなくてすんだものを）

この時代に、日本人はそれぞれ、いったい何を考え、何を学んだのでありましょう。

大人はみなとまどっていたにちがいありません。

天皇陛下のために、父を失い、子を失い、兄弟を失った人々が大勢いました。誰も亡くさなかった家庭など、探すのが難しいくらいです。

大切な父、兄、息子たちの命を奪った鬼畜米英は、これほど陽気な若者たちだったとは……。


いったい、何のための戦争だったのでしょうか……。


混乱が人々を苦しめました。

少し前までの、「一億玉砕」「天皇陛下万歳」「お国のために」、こういった思いこみが全部否定され、「今日からは民主主義の世の中です」と、進駐軍の考えを植えつけられました。

自由はよさそうだけれど、自由の意味がわかりません。

食べるものがない、今日を生きるために、みんな必死に歩き、懸命に伝手《つて》を頼りました。

自由を受け入れようにも、生きのびることで切羽《せっぱ》詰まっていたのです。

自由、自由と言いながら、敗戦国ニッポンに対する戦勝国の仕打ちは厳しいものがありました。そう簡単に人々のくらしが楽になったわけじゃない。笑顔の一方で、締めつけも厳しかった。神国・日本の底力、小さな島国があれほど大国・アメリカをはじめとする列強を苦しめた。アメリカ人には到底理解できない団結力、神秘的な能力を、アメリカはまだ恐れていたのでございます。この日本人の力をどうやって根絶やしにできるか。それをマッカーサーはじめアメリカの首脳たちは懸命に研究し、知恵を絞っておりました。

継ぎはぎのグローブと竹のバット

そんな中、アメリカの国技である野球は奨励され、いち早く復興に動きだしました。神宮外苑は終戦の約1ヵ月後、９月18日には占領軍に接収されます。その1ヵ月後の10月28日にはこの神宮球場で『東京六大学ＯＢ紅白戦』が、さらに11月18日には、『オール早慶戦』が開催され、多くの観客を喜ばせました。

プロ野球も11月23日、『日本職業野球連盟復興記念東西対抗戦』の開催を許され、神宮球場、群馬県の桐生《きりゅう》、兵庫県の西宮《にしのみや》で計４試合、球音を響かせます。東軍は巨人の千葉茂《ちばしげる》、セネタースの大下弘《おおしたひろし》、ピッチャーは巨人の藤本英雄《ふじもとひでお》、西軍は阪神の藤村富美男《ふじむらふみお》、土井垣武《どいがきたけし》、南海の鶴岡一人《つるおかかずと》、阪急の野口明《のぐちあきら》、先発・笠松実《かさまつみのる》のリリーフに立ったのが南海の別所昭《べっしょあきら》です。

そしてすぐ翌年の１９４６年からは8チームによる公式戦が始まりました。

野球熱が、全国津々浦々《つつうらうら》に広がります。

茂雄の兄は、臼井町の野球チーム「ハヤテ・クラブ」で活躍しました。お兄さんにくっついて、茂雄もハヤテ・クラブのはしくれに加えてもらいます。

「茂雄、これでいいかい？」

母親が古い布切れを継ぎあわせてグローブをつくってくれました。

手を入れた茂雄が、右手の拳を左手に打ちつけて、目を輝かせます。

「うん、最高だよ、母さん。これで、すごいゴロを捕っても痛くない！」

ものがない時代です。野球チームでもまともなグローブやバットなど、道具はそろっていません。茂雄がはじめて手にしたバットも、竹を切ってバットに似せた、いわば棒のようなものでした。それでも、打って、走って、風といっしょになることができれば、心は燃えた……。

茂雄は大人の中の子どもですから、もちろん球拾い。背も低い。それなりにやるじゃないか、というくらいで、天才ぶりを発揮したという伝説は残念ながらございません。しばらくはずっと「チビ」のままでございます。しかも、ショートを守ることが多かったようですが、これがさっぱり頼りにならない。エラーの連発。パッとしませんでした。

けれど、そんなことでへこたれる茂雄ではございません。

チビでも、守備が下手でも、とにかく野球が大好きでした。


はっきり言って、最初から打つことにしか興味がありません。

守りは退屈だと思っています。

後年、派手な守備で有名になるわけですが、あれは内心、守備を見てもファンはつまらないだろう。なんとか、守備でも沸かせたいと考えた長嶋の苦心の発明だったのでございます。

投げたあと、手をヒラヒラーッとなびかせる。ときには派手にトンネルをして見せる、いえ、トンネルがわざととは申しませんが、それさえも拍手喝采の種にするほど、長嶋は生粋《きっすい》のエンターテイナーでございました。

父親は臼井町役場の収入役や助役などを務めた固いお役人といいますから、いったい誰の血を引いたのか、茂雄は長嶋家の突然変異なのでしょうか？

これを長嶋茂雄本人に尋ねたことがございます。すると、長嶋はこう答えました。

「親父がね、普段は助役ですからまじめな人ですが、村の祭りになると女形《おやま》の衣装に身を包み、器用に演じて町の人たちを大いに喜ばせた。そういう、人を喜ばせるのが大好きという血は、親父から受け継いだものでしょう」

その血を野球選手として生かした。ああ、長嶋茂雄が女形の道に行かなくてよかった、などと妙な安心も一方でするわけですが、とにもかくにも、田舎芝居《いなかしばい》の女形の血筋が、長嶋茂雄には流れていたのでございます。


中学生になると、友だちといっしょに電車に乗って、後楽園球場まで巨人・阪神戦を見にいくこともあったそうです。これは長嶋本人が語った言葉です。

「水道橋の駅に着くともう待ちきれなくて、駆け足で球場まで行って、レフトスタンドの最前列にへばりついて打撃練習を見るのが好きでした。はい、当時は、3番別当《べっとう》、4番藤村、5番土井垣、ダイナマイト打線と呼ばれる阪神の強力打線が好きでした。どちらかといえば、阪神ファンだったですね、はい」

この言葉を聞いたときは衝撃を受けました。生涯「巨人命」と誰もが思っていた当の長嶋が阪神ファンだった。本人がさらりとそれを告白したのは、このインタビューが最初だったかもしれません。

打撃練習の打球が、茂雄少年の頭を越えてスタンドに入って突きささる。

「すげえ、ああ、すごい、また打った、また越えた」

プロ野球の打者たちの飛距離に度胆を抜かれた。

（ああ、打ちたいな。ここまで飛ばせたら、気持ちいいだろうなあ）

茂雄少年は、阪神ダイナマイト打線にあこがれて、野球へのさらなる思いを募らせるのであります。

高3夏の特大ホームラン

茂雄がチビから大物に変わりはじめたのは、地元の佐倉一高（現・千葉県立佐倉高等学校）に入学したころからでしょうか。

チビの身長がグングンと伸びます。チビがもうチビではなくなった。そして、そのバットから弾き出された打球は、校舎の窓ガラスを次々と割りまくるようになりました。

ガッシャーン、ガッシャーン。

「おーい、もう長嶋に打たせるな！　これじゃ、ガラスが何枚あってもたりないぞ！」

悲鳴のようなさけびがグラウンドにこだまします。

もちろん、そんな制止が聞こえる茂雄ではございません。

「さあ来い、もっともっと！」

ガッシャーン、ガッシャーン。

そしていよいよ、ガラスを気にせず、思い切りかっ飛ばせる日がやってきました。

佐倉一高3年生の夏。

茂雄の活躍で佐倉一高は千葉県代表の座を勝ちとります。次は埼玉県代表と戦う南関東大会。これを勝ち抜けば念願の甲子園出場だ！

茂雄は、勇躍、埼玉県の大宮に乗りこみました。

決戦の舞台は埼玉県営大宮公園野球場。

茂雄はまったく意識していませんでしたが、球場には、有名な新聞記者やら、プロ野球のスカウトまでが試合を見にきていました。

プロ野球のスカウトというのは、やはり独特の嗅覚《きゅうかく》をもっているのでしょうか。この日、埼玉県営大宮公園野球場を訪れた巨人軍のスカウトは、バックネット裏には座らず、誰もいない外野席、センター・バックスクリーンすぐ脇の芝生席に腰を下ろして試合を見ていました。その位置からのほうが、少し距離はあるけれど、投手の球筋がよく見える、打者の雰囲気も、投手側から感じることができる、そんな思いだったのでしょうか。

そしていよいよ、伝説になる瞬間が訪れます。

試合は六回、マウンドには埼玉県立熊谷《くまがや》高校のエース・福島郁夫《ふくしまいくお》。この福島が投げたボールを、佐倉一高の４番・長嶋がハッシと叩いた。

内野手たちが、「アッ」という顔で打球を見上げる。

スタンドが固唾《かたず》をのんだ次の瞬間。長嶋の打った弾丸ライナーが、センターの頭上を越えてバックスクリーン下の芝生に突きささった！

なんと、高校生が、あそこまで打ちこんだ。弾丸ライナーで……。

球場全体がどよめきました。

（すごい高校生がいたものだ）

当然木製のバットを使っている時代です。あの場所まで打球を飛ばす高校生など、ほとんど見たことがありません。

そんな驚きをよそに、茂雄は両肩を揺すり、ユニフォームの両袖を風になびかせ、大股でダイヤモンドを駆け抜けます。

佐倉一高に長嶋あり！

当時のことです。すぐに誰かがツイッターで世界中に知らせる方法はありません。せいぜい、翌日の新聞の片隅に記事が載る程度のこと。しかし、そういう時代にも、さざ波のように伝わるネットワークというのはありまして、むしろこの人づての評判というのは案外あなどれないもの。茂雄の噂はしっかりと野球好きに広まったのでございます。

伝説のはじまりを生んだ偶然

茂雄が打ったホームランボールが転がったのは、ほとんど巨人のスカウトの足元といっていい場所でした。柵をまたいでバックスクリーンに入り、飛んできた白球を拾いあげながら、スカウトは内心つぶやいたといいます。

（この打球がオレの足元に飛んできたのも何かの縁だ。まだ誰も知らない佐倉一高の長嶋は、必ずオレが、ジャイアンツに迎えいれてみせよう）

たった1本のホームランが、長嶋茂雄の運命を変えた、というのは、あながちまちがいではございません。じつは長嶋、高校時代に打ったホームランはこの1本だけ。その1本が、自らの運命を大きく開花させていくのでございます。

茂雄の知らないところで、事は大きく動き出します。

（この逸材を獲得しよう）

ひそかに決意したのはスカウトだけではありませんでした。新聞記者として試合を見ていた早稲田大学のOBも、社会人野球の監督を務める人物もすぐ長嶋獲得に乗り出します。


まさに、運命を変えたホームラン。

ただひとつ、後日譚《ごじつたん》と申しますか、ほとんど知られてないお話がこの裏にございます。

スーパースターというのは、神話性といいますか、伝説に彩《いろど》られるものでございますが、このホームランもまた、不思議なからくりを秘めていたのでございます。

県営大宮公園野球場、いまはもうすっかり建てかえられて立派になっていますが、当時は内野スタンドの一角に松の木が立っているような、風流といいますか素朴《そぼく》な風景の球場でございました。私も高校時代、この球場で上尾高校と練習試合をしたことがあります。

1934年11月29日、球場の柿落《こけらお》としで『第2回日米大野球戦』の第17戦が行われています。全米軍の中心はベーブ・ルース、ルー・ゲーリッグ。そして八回から日本軍のマウンドに上がったのがあのビクトル・スタルヒン。これがプロ野球初登板だったという、伝説の舞台にもなったスタジアムです。

そうそう、からくりと申しますのは、ある書物に、全国の球場一覧がありまして、これを私が何気なく見ていてハッと気づいてしまったのです。

日本の野球場というのは、当時はだいたいレフトとライトのポールまでは90メートル前後、いまでは100メートルのところもあってまちまちですが、センターまではいまも昔も120メートルと、だいたい決まっております。

一覧を見て、あれ？　と目が止まったのは、たったひとつ、105メートルしかない球場がある……。これがなんと、県営大宮公園野球場でした。記録に残される長嶋のホームランの推定距離は、したがって「107メートル」くらいでしょうか。通常の球場ではフェンスのはるか手前でバウンドしている打球が、この球場では大ホームランになる。天才の運命というのは、かくも不思議なものでございます。

センター・バックスクリーンまでたったの105メートルしかない球場で伝説を紡ぎだすのもまた、長嶋の長嶋たる由縁《ゆえん》かもしれません。

というところで、第一話はスリーアウト、チェンジ。次は長嶋がすぐプロに入るのか、当時人気を誇っていた東京六大学に進むのか、そこからのお話でございます。

第二話

茂雄の進路

佐倉一高時代の長嶋

六大学野球へのあこがれ

県営大宮公園野球場で打った、たった1本のホームランをきっかけに、佐倉一高野球部の3年生・長嶋茂雄のまわりがにわかに騒がしくなりました。

といっても、本人はまだ騒ぎの大きさをよくわかっておりません。甲子園出場の夢を断たれ、高校野球からは引退ですから、夏休みはほとんど毎日、少年時代のように、印旛沼《いんばぬま》に遊びに出かけ、釣りをしたり、泳いだり、無邪気に過ごしておりました。

卒業後の進路については、もう決めておりましたから、迷いもありませんでした。夏の予選が始まる少し前に、茂雄は父親とこんな会話を交わしていたのです。

「茂雄、高校を卒業したら、どうするつもりだい？」

「えーっと、六大学に行きたいと思っています」

「ほお、六大学か。六大学にもいろいろあるが」

「早稲田や慶応が華やかです」

不意に父親に訊かれ、とっさに出た答えでした。正直なところ、それまで真剣に進路を考えていませんでした。なんとなく、頭にあった知識で言った、そんな感じでございました。けれど、父親の反応は悪くありません。その場の勢いを借りて、思わず茂雄は父親に尋ねました。

「あの……、大学へ行く費用は出してもらえますか？」

何しろ、東京の大学に入る学費は高くて大変だと聞いていました。いまプロ野球の中心選手になっている水原茂《みずはらしげる》は慶応、三原脩《みはらおさむ》は早稲田の出身ですが、巨人の４番打者・川上哲《かわかみてつ》治《はる》は家が貧しかったため大学に行けず、熊本県立工業学校、通称熊本工から直接巨人入りしたと聞かされたおぼえがあります。自分の家に余裕があるのかどうか、茂雄にはさっぱり見当がつきません。すると、父は言いました。

「茂雄が大学で一生懸命勉強して、立派な社会人になってくれるためなら、喜んで応援しよう」

「本当？　ありがとう！」

「だが、早稲田も慶応もなかなか難しいぞ」

「いいんです、どのチームでも、六大学で野球ができれば」

「野球か……。茂雄は大学で野球をするつもりなのか」

「はい、いけませんか」

「いや。勉強もしっかりやってくれるのなら、いいだろう」

茂雄は夢見心地になった。無理だと思っていた東京六大学野球、その舞台である神宮球場が現実の目標となったのです。

すっかり興奮した茂雄は、バットを持って裏庭に走りました。いつもの、柿の木の下。そこは子どものころから茂雄が素振りで汗を流す場所、空想を広げながら夢中でバットを振る場所です。

茂雄の中でいまそこは、神宮球場のバッターボックスに変わっていました。茂雄がブツブツとつぶやきながら体を動かします。

「ピッチャー、第1球、投げました。長嶋、打った！　大きい、大きい、ホームラン！　神宮球場で長嶋、特大のホームランをかっ飛ばしました！」

バットを捨てて万歳しながら、茂雄は裏庭を1周するのでした。

一方、父は父で、満たされた思いで新たな思案を始めていました。

父は自分が大学を出ていません。それだけに、子どもたちは大学に行かせてやりたいと強く願っておりました。ところが、長男は、戦争の混乱で大学どころではありませんでした。せめて次男の茂雄は、と思っていた父の気持ちと茂雄の希望が一致したわけです。けれども、すっかり有頂天の茂雄とちがって、父は世間を知っております。茂雄の学力も知っております。

（さて、どうしたら茂雄が六大学に入れるものか……）

新たな悩みが父親の頭をグルグルと回るのでありました。

プロのスカウトを断る

ここでみなさん、ちょっとおかしなことに気がつきませんか？

茂雄は高校3年生。六大学を目指しております。野球の練習はもうありません。ふつうは、入学試験に向かって、猛然と受験勉強をと考えるところですが、茂雄はといえば毎日印旛沼通いでございます。器が大きいと申しますか、動じないと申しますか、ま、理屈でモノを考えないタイプなのでございましょう。

なるようになる、なりたいようになる。達観していたのでしょうか。

そして実際、なるようになるのですから、そこが長嶋茂雄の長嶋茂雄たる由縁と納得すべきかもしれません。

しかしであります。何の波風もなく、茂雄は立教大学入りに一直線だったわけではありません。ここからちょっとした波乱も起きたのでございます。


2学期を迎えたある日の夕食後、茂雄は父親に呼ばれて茶の間に行きました。

（いったい、何の用事だろう？）

少し緊張して父の前に座りますと、

「茂雄、社会人野球やプロ野球からのお誘いはすべてお断りしているが、それでいいね？」

父親が言ったのでございます。

「え？　うん……」

社会人野球やプロ野球からの誘い？　なんとなく、そんな雰囲気は察していましたが、

（プロ野球からも誘いが来ているのか？）

それは一大事、まさか、このオレに？　茂雄にはっきり知らされたのはこのときがはじめてでした。

じつのところ、県営大宮球場で茂雄がホームランを打ったその日のうちに、遠征先の宿舎を訪ねてきた社会人野球の監督がいたのでございます。

「長嶋君がほしい。ぜひ、うちのチームに預けていただけませんか」

相手は大企業。当時の高校3年生にとっては、ノドから手の出るような、恵まれた就職先です。

数日のうちには、プロ野球のスカウトたちも連絡してきました。

阪急ブレーブスは50万円の支度金、大映スターズは支度金80万円を提示してきたのです。高校生としては最高クラスの金額でした。もちろん、そんな詳細は茂雄に知らされていません。

プロ野球と聞いて、茂雄はちょっとウキウキしましたが、父親の口ぶりからしても、軽々と「やっぱりプロに行きたい」などと言える雰囲気でないのは理解できました。そもそも、プロ野球なんて夢のまた夢。身近に感じたことのない遠い世界です。高校を卒業してすぐプロ野球に飛びこむなんて、まだ現実に考えることはできませんでした。茂雄はきっぱりと答えます。

「いいよ。僕は六大学に決めているんだから」

何しろ、予選前に茂雄は父親と固い約束を交わしているのです。ここであやふやな態度を取ったら、大学に行く学費を出してもらえなくなるかもしれません。

するとと父親は、冷静な表情でうなずきました。

「父さんもそれがいちばんいいと思う。将来プロ野球選手になりたいにせよ、大学に行ってからでも遅くはない」

「わかってるよ、父さん。プロ野球に入る前にまず六大学で野球をやってみたいから」

茂雄はもう一度言いました。

この会話、つまり、いともあっさりとプロ野球の誘いを一蹴《いっしゅう》した茂雄を、いまの高校生たちは不思議に思うかもしれません。その辺の事情はちょっと説明が必要でしょう。

そのころ、日本でもっとも国民的な人気を集め、華やかな注目を浴びていた野球といえば、『東京六大学』だったのです。プロ野球が誕生して20年近く経っていましたが、六大学の人気は依然健在で、プロ野球はまだ職業野球と見下された名残りがあり、一生の仕事として選ぶには不安要素が大きいと考えられていました。それに、タネを明かせば、と申しますか、プロ野球の人気をグングン高め、六大学野球との立場を完全に逆転させた立役者が、誰あろう長嶋茂雄だったのです。ですから茂雄がプロに入る以前は、プロ野球より六大学で活躍をという選択は、決しておかしくはありませんでした。

父の心に届いたホームラン

茂雄自身にとって驚きだったのは、プロ野球や社会人野球から誘いがあったことでなく、父の言った「大学に行ってからでも遅くはない」という言葉でありました。何しろ、町役場で収入役や助役を務めている厳格な人間です。職業野球には偏見があって、きっと反対されるにちがいないと茂雄は案じていたのです。その父が、大学を卒業したあととはいえ、プロ野球入りを認めてくれるのだろうか？　茂雄は父の気持ちを確かめたくて、恐る恐る訊きました。

「ねえ父さん、僕が将来プロ野球の選手になるのは反対じゃなかったの？」

するると父は、「うむ」と短くうなったあと、ひとこと、こう言ったのであります。

「あれは素晴らしいホームランだった」

「えっ！」

その言葉を耳にして、茂雄の全身がカーッと熱くなりました。

（父さんが、オレを、野球を、認めてくれた！）

野球をすることに賛成でなかった父親が、すっかり理解者になってくれている。

それほどあのホームランは、驚きであり、見た人を魅了する理屈抜きの興奮があったのでしょう。

会話の最後に、父は大事なことを茂雄に確かめました。

「そろそろ大学を決めたほうがいいと思うが、立教大学はどうだろう？」

「立教？」

「そうだ」

「もちろん、文句ありません」

茂雄は雑誌で見た、縦縞《たてじま》のユニフォームを頭に浮かべた。大人っぽいデザインのユニフォーム。あの縦縞をオレが着るのか、と想像したら、なんだかくすぐったい気持ちになりました。

「どうした、茂雄」

父親が言いました。きっと、自分のユニフォーム姿を想像して、思わずニヤニヤしていたのでしょう。もうすっかり立教に入ると決まった気になって、体が火照《ほて》ってカッカしております。

「いやじつは、茂雄をいちばん最初に誘ってくださった社会人野球の監督さんが、『どうしても進学希望なら自分の母校を紹介させてもらいたい』と言ってくださったんだ。それが立教大学なんだ」

父の話を聞いているやらいないやら、すでに心は「立教の長嶋」になりきっている茂雄でありました。

巨人軍からのスカウト

おや？　やはり波乱は起きませんでしたね。社会人野球にもプロ野球にも心惑わされることなく、茂雄は相変わらず六大学を第一希望に据えております。

ところがです。そんな茂雄の気持ちを揺さぶる出来事が起きたのであります。

秋の日の午後でした。教室にいた茂雄に友人が声をかけました。

「シゲ、先生が呼んでるぞ。校長室にすぐ来るようにって」

「校長室？」

「何か怒られるようなこと、やったんじゃないのか」

「してないよ、オレは」

いったい、何の用だろう？　まったく思い当たる節《ふし》がない。半信半疑で校長室のドアをノックすると、校長先生の声が聞こえた。招きいれられるまま中に入ると、見たことのない中年の紳士がふたり、腰をおろしていました。

とまどう茂雄に、校長先生が言いました。

「長嶋君、こちらは巨人軍のスカウトをしておられる若林《わかばやし》さんと、コーチの谷口《たにぐち》さんだ」

「きょ、巨人軍！」

茂雄は素《す》っ頓狂《とんきょう》な声を出してしまいました。まさか、小学生のころ、友だちといっしょに電車に乗っていった、水道橋の駅で電車を降りるともう気がはやって、駆け出さずにはいられなかった、階段を上がって外野席にたどりつくまで足を止めることができない、スタンドに駆け上がるとパーッと夢のようなダイヤモンドが広がってますます胸がときめいた……。目の前で、ダイナマイト打線と呼ばれた阪神のバッターたちが試合前の打撃練習をしていた、茂雄たちのところまでホームランの打球が次々に飛びこんでくる。あの興奮、あの巨人軍のスカウトとコーチが、自分に会いに来てくれたなんて！　天にものぼる気持ちとは、このときの茂雄でございましょう。

「大宮球場のホームラン、すごかったねえ。あの打球を拾ったのは、この私なんだ。センターの芝生席で見ていたんだが、まさかそんなところまで高校生の打球が飛んでこようとは夢にも思わなかった」

熱い調子で言ったのは、若林スカウトです。

「それで若林さんは、長嶋君のバッティングをもう一度見せてもらえないかと、今日、わざわざ学校までお見えになったんだ」

校長先生が言った。

放課後、久しぶりにユニフォームに身を包んだ茂雄が、バッティング・ケージに入ります。

「シゲ、かっ飛ばせ！」

ジャイアンツのスカウトが見にきたという噂はあっという間に校内に広がり、グラウンドは学生服姿の生徒たちでいっぱいになっております。

スカウトとコーチが見守る中で、茂雄は、思い切ってバットを振りました。

カキーン！　ガッチャーン！

センター後方にある校舎の屋根を直撃し、瓦《かわら》が割れる音でございます。

普段なら、「長嶋、あんまり飛ばすな！　これ以上、屋根を壊すな！」と怒鳴られるところですが、この日ばかりは、監督も校長先生も大喜びです。

「どうだろう、長嶋君、わが巨人軍に入団してもらえないだろうか」

若林が期待に目を輝かせて、茂雄に問いかけました。

取り囲んだ仲間たちが、オーッと歓声を上げ、息をのんで茂雄の返事を待ちます。

すると茂雄は、顔をパッと輝かせながら、甲高い声で言いました。

「残念ですが、僕、立教大学に行くことに決まったんです」

「六大学へ？」

「はい」

「いつ決めたんだね？」

「つい何日か前です」

「それは残念。来るのが少し遅すぎた」

「はい」

茂雄がきっぱり答えると、若林スカウトは言いました。

「あきらめるしかなさそうだ。立教ではしっかりがんばってくれたまえ。卒業するとき、また会えるのを楽しみにしているよ」

ここでもまた、ひとつ疑問が湧きあがります。

天下の巨人軍から誘われたのです。なぜ茂雄は心を揺るがすことなく、きっぱりと誘いを断れたのでしょう？

その手がかりは、少年時代の思い出に隠されております。

そう、後楽園球場の外野席で、茂雄が胸を焦がして見ていたのは、阪神のダイナマイト打線でした。打つことが大好きな茂雄を魅了したのは阪神打線、つまり、第一話でもお伝えしたとおり、茂雄は阪神のファンだったのでございます。もしあのとき、巨人に胸を焦がしていたのなら、きっと断ることはなかったでありましょう。少年時代、ひそかに阪神ファンだったという事実が、茂雄を立教大学に導く切り札になったのかもしれません。


となると、またしても波乱が起こらない。このまま茂雄は立教大学に一直線かと思いきや、このあと、ちょっとした波乱が起こるのでございます。

町の期待と新たなる誓い

「巨人のスカウトが佐倉に来た」「佐倉一高の長嶋を見にきた」、噂はすぐ町中に広がり、噂に尾ひれがついて、「長嶋が巨人に入るそうだ」「入団決定！」となってしまいました。

茂雄が町を歩くと、見知らぬ人たちからも、「長嶋君、おめでとう！」「巨人に入るんだって」「4番バッターになって活躍してくれよ!」、次々に声をかけられるのでございます。

その顔がみんなうれしそう。自分のことのように感激し、巨人での活躍を期待してくれる。

相手の勢いに押されて、茂雄は「ちがいます」とは言えませんでした。さあ大変。

(こんなに佐倉の人たちが喜んでくれるなら、いっそすぐ巨人軍に入団しようか)

茂雄の気持ちが大きく揺れ動いたのであります。

急に巨人軍のユニフォームが頭にちらつきはじめました。

(巨人に入るか、立教大学を目指すか)

迷いに迷って、どうすればよいのか、決められなくなってしまいました。

茂雄は思わず、バットを1本携えて裏庭の柿の下に向かいました。

ブルン、ブルンとバットを振ります。

ところが、ブルン、といかず、ブルーン……、間の抜けた音にしかなりません。無心で振りぬけば、鋭い風音が心地よく響くのに。

身体がぎくしゃくして、しっくりきません。

(ダメだ、どうしてだろう?)

茂雄は素振りをやめて、へたりこんでしまいました。柿の木の下で、そんなむなしい気持ちになったのは、生まれてはじめてです。

頭の上では、赤く色づいた柿の実を、飛んできたヒヨドリがくちばしで突いています。いつもなら、ちょっと脅《おど》かしてやろうかと、いたずら心も湧きあがる茂雄ですが、この日ばかりは、そんな気持ちにさえなれませんでした。

悩みぬいた茂雄は、夜、仕事から戻った父親に思いきって素直な気持ちを打ち明けました。

「父さん、僕、迷っているんです」

茂雄の告白をじっと聞いていた父がぽつりと言いました。

「その噂は父さんも聞いたよ。町役場でも、みんなに勘違いされて、父さんも困っている」

「あんなに佐倉の人たちが喜んでくれるなら、高校を卒業してすぐ巨人軍に入ったほうがいいんじゃないかと……」

消え入りそうな声で茂雄が言います。

すると、少し考えて父が口を開きました。

「茂雄は、若林さんのお誘いをきっぱり断った。そのとき、少しでも迷いはあったのかね？」

「いえ、ありませんでした」

「父さんは、きみの判断を誇りに思った。いまでもその気持ちに変わりはない」

「はい……、でも大学は学費も大変だし、巨人軍なら支度金もくださるそうです」

「茂雄、人生はお金じゃない。やるからには立派な選手になれ。まず立教でがんばりなさい」

揺るぎない父の言葉に、茂雄はハッと目が覚めたのであります。

「はい、わかりました」

気がつくと茂雄は素直にそう答えていました。心の霧が晴れて、目の前がパーッと広がりました。

（そうだ、自分はまだプロに行ってすぐ活躍できる技量じゃない。４年間、みっちりと立教で身体をつくり、技を磨いて、プロで十分やれる力を鍛えあげよう。立教の４年間は、

プロに入るための研修期間だ）

茂雄はこのときはっきりと、新たな誓いを胸に刻んだのでございます。

第三話

目指すは野球界の星

ボールに飛びつく立教時代の長嶋

期待の大物新人

茂雄が巨人の誘いを断り、立教一本に絞った同じ秋、立教大学野球部の合宿所ではこんな会話が交わされておりました。

「来年の新人は、どんな具合だ？　いい選手が集まりそうかい？」

訊いたのは立教大学監督の砂押邦信《すなおしくにのぶ》であります。訊かれた学生マネジャーが答えます。

「はい、甲子園を沸かせた、芦屋高校の本屋敷《もとやしき》が入学を希望しています」

「本屋敷か、それは楽しみだ」

本屋敷錦吾《きんご》は、この世代でもっとも有名な高校球児のひとりです。2年生の夏に遊撃手として甲子園に出場し、見事全国優勝を飾ったほか、2年春、3年夏と合わせて3回甲子園に出場。華麗な守備で多くの野球ファンを魅了した期待の星であります。

「甲子園に出ていない選手で、とっておきの大物新人はいないものかな」

砂押監督がつぶやくように言いました。

早稲田、慶応、法政、明治……、居並ぶライバルたちを打ち負かして東京六大学の覇権を握るには、やはり逸材を集める必要がございます。何とか、金の卵たちを立教に迎えたいと願うのは、監督はもちろん、選手、ＯＢみんなの一致した思いであります。

マネジャーが答えます。

「それがひとり」

「いるのか？」

「佐倉一高の長嶋という男で、なかなかの強打者という話です」

「佐倉一高？　あまり聞かない学校だな」

「でも今年の夏は、長嶋の活躍で南関東大会まで勝ち進んでいます。そこで長嶋は、バックスクリーンに大ホームランを打ちこんだそうです」

「バックスクリーンへ？　高校生が！」

「その試合で主審をしていたのがちょうどわが校の先輩でして、それはもう、ものすごい弾丸ライナーだったそうです」

「弾丸ライナーでバックスクリーンか、それはおもしろそうだ」

合宿所の窓ガラス越しに、晩秋のやわらかい陽射しが差しこんでおりました。砂押監督はまだ見ぬ大物新人の噂に胸をときめかせたようでございます。

何か特別な予感が、砂押の身体を突き抜けたのです。

「できるだけ早く、一度練習に参加してもらいなさい。その……」

「長嶋ですね」

「そうだ、長嶋だ」

砂押監督との出会い

茂雄が立教大学のグラウンドに姿を現したのは、11月の終わり。

「佐倉一高の長嶋です！」

甲高い声が午後の空にこだまします。

坊主頭の高校生。目がキラキラと輝いております。

(この男なら、バックスクリーンに弾丸ライナーを打ちこんでも不思議ではない)

砂押は思わず、笑みをもらしました。

鬼の砂押と呼ばれる厳しい監督。その砂押が初対面の新人を見て笑うなど、前代未聞の事件です。砂押自身、なぜ長嶋をひと目見た瞬間そんなにうれしかったのか、わかりません。とにかく、愉快な気分になったのであります。

（この男は鍛えがいがありそうだ）

鍛えても鍛えても、元気に立ちむかってきそうな長嶋の明るさとたくましさを、砂押は一瞬にして感じとったようです。

（これでやっと、本当の練習ができそうだぞ）

印旛沼が凍りつくほど寒い冬の日、長嶋家に一通の手紙が届きました。合否の結果を知らせる立教大学からの通知です。

父は両手を合わせてから丁寧に封を開け、緊張した面持ちで文面を確かめます。そこには「合格」の文字がおどっておりました。

「よかった」

父親が、それまで見せたことのない表情でつぶやきました。

そして、合格通知を宝物のように神棚に上げる姿を見て、茂雄も「よかった」と、全身があたたかくなる思いでした。セレクション合宿で三塁打を2本もかっ飛ばしましたから、茂雄はまちがいなく合格すると思っていました。ですから驚きはしませんでしたが、父が喜ぶ姿を見て、感激したのです。

「茂雄、やるからには立派な野球選手になれよ」

「はい」

マリリン・モンロー、力道山、そしてテレビ

茂雄が高校卒業を待つばかりだった昭和29年の早春、日本のスポーツ界ではさまざまな出来事が起こっていました。

いままでにない「嵐が吹いた」といってもいいでしょう。

ひとつの嵐は、アメリカからやってきました。

世界的な人気女優マリリン・モンローとメジャー・リーグのスーパースター、ジョー・ディマジオの来日です。ふたりの結婚は海を越えて日本にも伝わり、大きな話題となりました。そのふたりが、新婚旅行で日本にやってきたのです。羽田空港には、マリリン・モ

ンローをひと目見ようと大勢のファンが詰めかけて大変な騒ぎでした。

アメリカ中の男性の憧れの的といわれたモンローのハートを射止めた男性が、ニューヨーク・ヤンキースの強打者ディマジオです。ベーブ・ルース、ルー・ゲーリッグらのあとを継ぐスーパースター。

茂雄たちの教室でも話題にならないはずがありません。

「シゲ、マリリン・モンローと結婚したのは野球選手だってよ」

「知ってるよ、ジョー・ディマジオだろ」

「すげえなあ、アメリカじゃ、大リーガーは大統領と同じくらいえらいって本当かい？」

「そりゃそうさ、野球はアメリカの国技だからね」

「うらやましいなあ。一流の野球選手になると、あんな美人と結婚できるんだ」

もうひとつ、日本列島を大いに沸かせた嵐は、民放テレビ局の開局と力道山《りきどうざん》のプロレス・ブームでした。

前年の昭和28年夏、ＮＨＫに続いて日本テレビが放送を開始しました。受像機、すなわちテレビをもっている家庭はまだほとんどありませんから、日本テレビは人が集まりやすい街頭にテレビを設置し、人々はこの「街頭テレビ」の前に集まって放送を見るのが社会現象になりました。

番組の中でも、とくに人々を興奮させたのが力道山のプロレスでした。

第二次世界大戦が終わって9年が経とうとしていました。

敗戦国・ニッポンは、さまざまな苦労を強いられました。戦勝国・アメリカから、それまでの日常生活や常識観まで根本的に変えるよう強いられ、混乱の日々が続きました。そんな中、大人たちは、そしてもちろん子どもたちも、口には出せないけれど、複雑な思いを抱えて過ごしておりました。

（アメリカが憎い、アメリカをいつかやっつけたい）

（一度は敵《かたき》を討ちたい）

そんな思いは当然のように誰の心の奥にも潜んでおりました。

一方で、鬼畜米英と教えこまれ、「戦争に負けたら、男は殺され、女は乱暴される」と信じこまされていたその進駐軍は、拍子抜けするくらいに陽気で、友好的でした。子どもたちが「ギブミー・チョコレート」「ギブミー・ガム」とさけびながらジープのうしろを追いかけたのは有名な話です。「アメリカ憎し」の思いは牙を抜かれて、友好的な思いが日本人の心に芽生えました。けれどどこかに「悔しい気持ち」はくすぶっています。

そんな国民感情を見事に発散させてくれたのが力道山でした。

街頭テレビの白黒画面の中で、力道山がシャープ兄弟を空手チョップで叩きのめします。

(日本は強いんだ！)

(アメリカをやっつけろ！)

普段は声に出せない心のさけび、ずっとたまっていた日本人の鬱憤《うっぷん》を、力道山は日本のお家芸ともいえる『空手チョップ』で見事に晴らしてくれたのです。

そして、そんな感動を、一瞬にして全国に伝える役割を果たしたのがテレビでした。

人々がそれを認識したかどうかはわかりませんが、テレビは、瞬く間にひとつの感情で日本列島を覆いつくしてしまう、新しい時代の担い手であることを力道山が証明したといってもいいでしょう。

茂雄が高校を卒業し、大学に進学するのは、日本がそんな世相《せそう》のころでした。

見出された才能

「いったい、あの新人のどこがそんないいというのかね！」

応接室から、すごい剣幕が廊下にまで聞こえてきます。

砂押監督のやり方に抗議するためにやってきた、有力なOBが荒らげた声でした。

「私たちOBには、それほどの選手とは思えないがね、あの長嶋ってのは。伊東キャンプでは三塁打を打った。でも危なっかしい。本屋敷と比べたら、技術の差は歴然としている」

「たしかに、いまは未熟ですが」

砂押監督も黙ってはいません。

「素質があると言うのかね？」

「そのとおりです」

「どんな素質だ」

「ものすごい強打者になります」

「なったら〝もうけもの〟だな」

「立教は黄金時代を築きます。本屋敷に長嶋、それに杉浦《すぎうら》あたりが順調に育てば、夢じゃありません」

砂押は、挙母《ころも》高校から入った投手・杉浦忠《ただし》の名を挙げました。高校時代の実績はさほどありませんが、チームの誰もが認める素質の持ち主でした。けれど、頭の固いＯＢは砂押のえがく未来像を受け入れようとしませんでした。

「夢を見るのはいいがね、監督には責任ってものがあるんだよ」

「どういう意味でしょう？」

「海のものか、山のものかわからない選手に期待をかけるより、もっとほかにいるだろう、実績のある、いい選手が」

「……」

「確実にモノになる新人をまずしっかり育ててくれたまえ。砂押君、きみは長嶋という新人をやけに高く評価している。長嶋を中心に将来のチームづくりを考えているんじゃないかと、心配する声がＯＢの中にあるんだよ」

「いけませんか？」

「誤解してくれるなよ、監督はきみだ。ひとつの参考意見だよ」

大先輩のＯＢが威厳たっぷりに席を立って出ていったあと、砂押は深いためいきをついて、ひとりつぶやくしかありませんでした。

（どうして、長嶋の才能がわからないんだ？）

ＯＢの多くが、「長嶋は不安材料が大きい」と決めつけていました。

「リストの利いたやわらかいバッティング、あれこそ大物の素質十分ですよ」

砂押が懸命に長嶋の素晴らしさを強調しても、反対論が根強かったのです。

「それにしても、守備が甘すぎる」

「４年間でどこまで鍛えられるやら」

「あの長嶋に、大学野球の細かいチームプレーを身につけられるのか？」

悲観論ばかりで、砂押は唇を噛む思いでした。そして悲しかった……。長嶋を高く評価する自分の眼力まで疑われて、悔しい以上に腹が立ってたまりませんでした。

（とにかく、長嶋を鍛えあげて、結果を出すまでだ）

砂押はひとり、胸の奥で固く決意するのでした。

闇夜のキャッチボール

砂押監督といえば「鬼」「猛練習」というイメージで語られますが、長嶋が入学してから立教の練習がいっそう厳しさを増したのは、こうした背景もあったからでしょう。

その厳しさの一端をご紹介しましょう。

有名なのは『球なしノック』でしょうか。

4年生から順番に風呂に入り、お湯の下に泥がたまっているような風呂に1年生がようやく浸かって、それでもあたたかな湯にひとときの安らぎを得ていたとき、学生コーチから呼び出しを受けます。

「すぐにグラウンドに集合!」

(えっ? すぐって、外は雨が……)

1年生の誰もが思いましたが、口答えはできません。

お風呂から飛び出してユニフォームに着替えると、雨の中たっぷり1時間、ボールを使わない、シャドー・ノックが続きます。動きが甘ければ容赦なく怒鳴られます。一切、気は抜けません。

ようやく終わってホッとしているところに砂押監督が現れて、今度は「キャッチボールだ！」の指令です。雨の夜、ボールに白い石灰をこすりつけて、そのわずかな白さを頼りにボールをキャッチしなければなりません。相手の居場所だってよくわからない暗闇です。懸命に声をかけあい、目を凝らしても見えません。もう目で見るなんて次元ではケガをしてしまいます。五感を研ぎ澄ますと申しましょうか、普段の練習では使わない、あらゆる感知能力を呼びおこす、それが目的だったのかもしれません。

「目に頼るな、心眼があるだろ！」

砂押監督のさけびが一年生たちに突きささりました。

父との別れ

最愛の父が病に倒れたのは、茂雄がちょうどそのような猛練習に立ち向かっていた、大学1年の初夏でした。高血圧で、寝たきりの日々が続いているという父から、短い手紙が届きました。おそらく病床で身体を起こして書いたのでしょう。

『茂雄、野球選手を志した以上、一流の選手になれ。六大学で一番の選手、そして日本一の選手になれ、私のいまの望みはそれだけだ』

それから間もなく、『チチキトク　スグカエレ　ハハ』と記された電報が届きました。大慌てで東京・池袋から電車を乗りついで千葉県佐倉の自宅に戻ると、父は茂雄を待っていました。

「しっかりして、父さん！　僕だよ、茂雄だよ」

茂雄が声をかけ、手を握ると、父はゆっくりと瞼《まぶた》をあげ、やさしく笑ったように見えました。そして、かすれた声で言ったのです。

「茂雄、やる以上は、日本一の選手になるんだぞ」

それが父の最後の言葉になりました。

砂押監督のしごきでは、さらに『月夜の千本ノック』も有名です。真夜中の猛特訓です。月が出ていない暗い夜には、やはりボールに石灰を塗ってノックを受けました。「甘い」

と酷評された茂雄の守備がみるみる変わっていったのはこの『月夜の千本ノック』のおかげだと、茂雄自身も話しております。

そんな、常識はずれの猛練習の日々、逃げ出す仲間もおりました。

「これ以上、砂押監督の下ではやれない」「だいたい砂押監督は下級生をひいきしすぎる」と怒った上級生たちが『監督排斥運動』を起こしたため、砂押監督は茂雄が2年生の途中で退任する羽目になるのですが、茂雄にとって砂押監督はかけがえのない恩師でした。

誰もが震えあがった猛練習を課せられて、茂雄はどんな思いだったかといえば、後年、著書『燃えた、打った、走った！』の中でこんな回想をしております。

「寒い冬の日には、バットがすべらないように水で濡らした軍手をはめて振った。指のハラ、手のひらにびっしりマメができ、それが素振りのたびにつぶれて、血が噴きだした。軍手は血で染まったが、ぼくは素振りをやめなかった。痛みはあったが、つらくはなかった。

苦しみを求めて、こんな練習をやっていたわけではない。夢を……、死んでいくオヤジの枕辺《まくらべ》で誓った夢を求めて、ぼくはバットを振っていた。」

巷間《こうかん》で伝えられる長嶋の大学時代といえば、先ほど紹介しました猛練習や特訓の逸話ばかりが多いのですが、それだけで天才・長嶋の才能が開花し、型にはまらない大物バッターが育ったわけでは決してありません。

忘れてはならない、砂押監督の大きな功績がもうひとつあります。

それは、砂押監督が、当時の野球界ではめずらしく、メジャー・リーグへの造詣《ぞうけい》が深かったことです。

砂押監督は、ジョー・ディマジオらメジャーの強打者の連続写真を持っていて、合宿所でそれを見せながら茂雄たちに打撃指導をしました。アメリカの野球指導書を読んで本場の野球を積極的に学ぶ、革新的な指導者でもありました。高価な映写機を買いこんで打撃指導に役立てたのも、日本の野球界では先駆けだったでしょう。

プロ野球に入る前から、茂雄の目は日本の野球界でなく、本場アメリカに向けられていました。日本流でなく、アメリカ流の「感覚的なバッティング」こそが、長嶋茂雄の打撃の源流なのです。

立教大学での猛練習とアメリカ野球に影響された経験、砂押監督とともに激しく自分を鍛えなおした1、2年生の日々が茂雄にとって大きな糧《かて》になったのはまちがいなさそうです。そして茂雄は、いよいよ〝みんなの長嶋〟になる日に向かって、着々と階段をのぼっていくのでございます。

第四話

不屈の闘志でのぼっていく

（上）　東京六大学リーグ最多記録となる、通算８号ホームランを放つ
（下）　プロ野球デビュー戦、国鉄スワローズのエース金田との対決は、長嶋の４打数４三振となった

地味なはじまり

長嶋茂雄といえば、まわり全部を幸せにしてしまう、太陽のような存在だと誰もが思っております。実際、長嶋が登場した瞬間、その場がパッと明るくなり、みんなが笑顔になります。

たしかに、子どものころから太陽のような片鱗《へんりん》はもっていましたけれど、生まれながらに太陽だったかといえば、そうではない時期もあったように感じられます。

大学に入ったばかりのころもそうでした。

砂押監督がチームの柱に据えた茂雄は、ＯＢたちが心配したとおり、さっぱり活躍しませんでした。

1年生春のリーグ戦は、11試合に出場して打率1割7分6厘。

1年生秋のリーグ戦はやはり11試合に出場し、打率1割5分8厘。

2年生春のリーグ戦は11試合出場で1割7分。

期待はずれもいいところです。

茂雄の結果が出なければ出ないほど、砂押もまた悔しさを募らせ、指導に熱が入ります。立教大学で長嶋の1年後輩だった片岡宏雄《かたおかひろお》が、のちに「YAHOO! ニュース THE PAGE」でこう証言しております。片岡は中日、国鉄を経てスカウトに就任、若松勉《わかまつつとむ》、尾花高夫《おばなたかお》、古田敦也《ふるたあつや》、高津臣吾《たかつしんご》らを獲得し、「名スカウト」と呼ばれた人物です。

「砂押監督は、夜中にぱっと『長嶋のここをこうすれば打てる！』『ここを鍛えれば守りがうまくなる』とひらめくと、真夜中であろうが何時であろうが、呼び出したり寮に来たりしました。ナイター設備などない時代。ボールに石灰をまぶして月灯りの下で本当に真夜中にノックした。慣れてくると照明がなくても、本当にそのボールが見えるようになるものです。

砂押監督は、革靴をスリッパにしたようなものを履いていました。ペタペタと大きな音がするので、廊下を歩くその音で寮に来たのがわかります。

長嶋さんは、夜中に何度も砂押監督の自宅に呼び出されました。電車がない時間には30分かけて早足で走っていく。長嶋さんに、『ひとりで行くのは嫌だからつきあってくれ』と、私は何度も監督の自宅に同行しました。

自宅に着くと、長嶋さんは庭で素振りを命じられました。手にマメができないように、水で濡らした手袋をつけて振りました。狭い庭では、ひとりが振るのが精一杯。延々と続くその素振りを私はただ眺めていました。

殴る蹴るは当たり前。とにかくスパルタでした」

それでも、リーグ戦で茂雄のバットはなかなか火を噴きませんでした。

長嶋茂雄は、常に明るく、いつも最初から活躍すると思われがちですが、スタートはいつもつまずくのです。そこから不屈の闘志と努力で、不調を忘れさせるくらい華やかな活躍をする、それが茂雄の成功パターンなのです。

努力の結実、才能の開花

「この程度の成績なら、もっと実力のある上級生を使うべきだろう」

「下級生をひいきしすぎだ！」

茂雄が試合に出ることによって、出場の機会を奪われた上級生とその仲間たちの怒りが我慢の限界を超えていました。一方で、下級生は下級生で、常軌《じょうき》を逸《いっ》したスパルタぶりに耐えかねて、「砂押監督が辞めなければ、オレたちみんなで辞めます」、悲壮な決意で上級生に直訴しました。

つまり、上級生も下級生も一致して砂押監督排斥に動いたのです。

「下級生の要望を受けて動いたんだ」と、日本ハム・ファイターズの監督を長く務めた大沢親分こと大沢啓二《おおさわけいじ》が語っております。大沢は立教で長嶋の2年先輩。監督排斥運動の中心にいたひとりです。

排斥運動は、立教大学の総長まで巻きこむ大騒ぎになり、結局、砂押監督は身を引き、野球部を去りました。茂雄が2年の夏のことでした。

茂雄が、砂押監督の見込んだ大きな才能を発揮しはじめたのは、皮肉なことに砂押監督が辞めた直後、2年秋のリーグ戦からでした。早稲田との試合でリーグ戦初ホームランをかっ飛ばすと、それからコンスタントにヒットを重ね、打率3割4分3厘、12打点。打者としてはまあまあ、まともな数字を残すことができました。そこからはもう、グングンと上り調子、手のつけられない活躍を見せました。

3年の春は48打数22安打、4割5分8厘ではじめて首位打者に輝きます。ホームランも2本。秋は打率こそ2割8分8厘でしたが、ホームランを3本打ち、野球ファンを驚かせました。そのころの神宮球場は現在よりずっと広くて、なかなかホームランが出ないことで知られていました。さらに4年春のリーグ戦、法政との試合で通算7号ホームランを打って東京六大学リーグ最多記録に並ぶと、茂雄に、新記録の期待が寄せられたのです。

ホームラン最多記録更新のプレッシャー

秋のリーグ戦が始まる前から、いつ茂雄が8号をかっ飛ばすか、それが最大の注目になりました。

「自信は?」

報道陣に訊かれて、

「もちろん、ありますよ」

軽く笑って答えた茂雄でしたが、そう簡単には参りませんでした。

秋のリーグ戦が始まって、どこかで出るだろうと楽観していたホームランがなかなか出ません。1試合終わるごとに、周囲は騒がしくなります。

「新記録は大丈夫かな」

「このままだと、その1本が出ないうちにリーグ戦が終わってしまうぞ」

球場に詰めかけたファンたちが口々に不安をつぶやきます。

「長嶋ってのは、勝負強いほうか？」

あるファンが友人に尋ねました。いまなら答えは明らかですが、そのときはどうもちがっていました。訊かれたファンはこう答えました。

「明るいし、図太そうだが、案外、勝負には弱いほうかもしれねえな。あのときもダメだった」

「去年の秋のことか」

「そうさ、最終戦でヒットを2本打てば、シーズン最高打率の新記録だっていうのに、長嶋は4打数ノーヒット。1本も打てなかった」

「なるほど、強打者長嶋も、勝負には弱いってわけか」

「となると、8号ホームランも幻かね」

「打ってほしいけどなあ」

茂雄は、最初から「チャンスに強い男」だったわけではなさそうです。

さまざまな経験を重ねて、それを糧にして、チャンスで力を発揮する術《すべ》を自分なりにつかんでいったのかもしれません。

茂雄の並外れた集中力

陽気で、細かいことは気にしないタイプと周囲から思われていた茂雄ですが、さすがに残り試合が少なくなると、焦りを募らせ、悩みはじめました。

残すは慶応大学との対戦だけになったその試合前、チームメイトが茂雄に訊きました。

「シゲ、集中できないのか？」

「いや、集中はしてるさ。でも、集中すればするほど、アイモの音が気になるんだ」

「アイモ？」

「ああ」

茂雄が目をやったのはバックネット裏でした。そこにアイモと呼ばれる撮影機を構えたカメラマンが座っていました。長嶋の「8号新記録」の瞬間をカメラに収めようと、ずっと追いつづけているのです。

「ピッチャーがモーションを起こすあたりから、アイモの回る音が聞こえるんだ」

「あんな小さな音が、お前、気になるのか?」

「うん」

「オレたち、ベンチにいたって聞こえないぞ。スタンドの歓声にかき消されてさ」

「聞こえるんだ。アイモの音だけがはっきり」

思いつめた顔で茂雄は言いました。

このときようやく、チームメイトは茂雄の異常な集中力の高さ、それが人並外れた打撃力の秘密なのだと理解しました。茂雄は片方の足にストッキングを2枚穿《は》いて、

「片方なくなった!」

と大騒ぎするようなそそっかしさをもっていました。けれどそれはただのあわてんぼうではなく、何かに集中するとほかのことに意識がいかなくなる、それくらいひとつのことに集中する力の持ち主ということでした。ところがいまは、その集中力がボールではなく、

アイモのほうにいってしまっているのです。

「アイモをやめてもらおうか？」

「それは困る。せっかく撮《と》ってくれているんだから」

「でも、気になるんだろ？」

「何とかするさ」

白球は澄みきった秋空に

残り試合はとうとう1試合になっていました。慶応との2回戦に立教が勝てば、その時点で立教のリーグ戦は終わります。茂雄はたまりかねて大学の構内にある教会の司祭さんを訪ねました。

「あと1本のホームランが出ないんです」

弱音を吐くと、司祭さんは言いました。

「記録なんて、どうだっていいじゃないか」

「えっ？」

「いつもどおり、大暴れしてこいよ。それでいいじゃないか」

茂雄は一瞬、虚を突かれました。力が抜けて、混乱しました。でも、両腕にザワザワとときめく感触がありました。

明けて11月3日、文化の日。

神宮球場は澄みきった秋晴れに恵まれました。

一回の裏、第1打席はサードゴロ。慶応の好投手・林のボールを力んで引っかけてしまいました。しかし、凡退したとき、茂雄の中にひらめくものがありました。

目の前に、大きくなって近づいてくる白いボールのイメージが見えたのです。

(これだ、このボールを、来た球を叩けばいいんだ)

全身がカッと熱くなりはじめました。

そして五回裏。打席が回ってくると茂雄は、バットケースから、目についたバットをパッと抜いて、打席に向かったのです。それは、三塁コーチに立っている浅井靖のバットでした。茂雄が普段使っている、グリップの細い長距離打者用のバットではなく、グリップの太いタイカップモデル。ホームランよりヒットを狙うのに適したバットです。チームメイトがそれを見てあわてました。

（シゲ、それは！）

気づいた誰もがそう言いかけました。けれど、茂雄の目はランランと輝き、とても声をかけられる雰囲気ではありません。

茂雄は、タイカップモデルのバットを構えて、林投手の投球を待ちうけます。

もはやアイモの音は耳に入っていません。

４球目、肩口から曲がり落ちてくるカーブに、茂雄の身体が反応しました。次の瞬間、澄みきった秋の青空に白球が舞い上がり、美しい弧を描きました。

「やりました、長嶋、ついにやりました」

実況アナウンサーが大声でさけびました。

茂雄は苦しんだ末、ついに六大学野球新記録の通算８号ホームランをかっ飛ばしたのです。三塁を回ったところで、三塁コーチの浅井と肩を組み、大股で飛ぶようにホームベースに向かう茂雄の姿が、スタンドを埋めた４万の大観衆の心を沸き立たせました。

茂雄は心の中でさけんでいました。

（簡単なことさ。僕は、楽しむことを忘れていたんだ）

ドラフト制度のなかった時代

立教大学４年のシーズンを終え、いよいよプロ入りの時期を迎えた茂雄は、ちょっとした騒動を起こします。いまの時代なら、「ちょっとした」どころでは済まなかったかもしれません。当時はまだ、大目に見てもらえたというか、茂雄の将来に免じて、関係者が怒りの矛を無難に収めたのでしょう。

高校３年の秋、一度は巨人入りに傾いた茂雄です。父の進言もあり、「立教でしっかり鍛えてから４年後、巨人に入る」。そう決意した茂雄だったはずです。

ところが「長嶋はうちに入団が決まっている」と言い出した球団があったから「さあ大変」。それは南海ホークス、いまの福岡ソフトバンクホークスです。当時はドラフト制度がありませんから、選手獲得は自由競争です。巨人より先に南海が、「長嶋の承諾を得た」と言い、そう言われると茂雄もなんだかはっきりしません。

なぜそんな騒ぎが起こったか、そこには立教の先輩・大沢啓二の存在がございました。

大沢はすでに立教を卒業し、南海で活躍していました。南海はその大沢に託して、ときどき小遣いを茂雄に渡していたのです。南海にすれば、「卒業したら南海入団」を合意したうえでの支援のつもり。茂雄にすれば、「ありがたい先輩からのお小遣い」のつもりだったのでしょう。

すったもんだの末に南海が身を退き、巨人に決まるのですが、もし茂雄が南海に入っていたら、日本のプロ野球が、いえ日本の社会がどう変わっていたか、想像もできません。南海の本拠地は大阪、所属はパ・リーグです。大阪、そしてパ・リーグが日本の野球人気の中心になっていたのでしょうか。それとも、巨人には長嶋に代わる国民的スターが別に生まれていたかもしれません。

ともかく、こうした騒動の末、茂雄の巨人入団が正式に決まりました。

プロ野球界ナンバーワン投手・金田正一

さてここからは〈プロ野球編〉です。

「茂雄」を「長嶋」と言いかえましょう。

鳴り物入りで巨人に入団した長嶋は、オープン戦でいきなり7本ものホームランを打ち、その実力がプロ野球でもすぐ通用するどころか、ずば抜けていることを証明しました。

4月5日、いよいよペナントレースの開幕を迎えます。巨人が本拠地・後楽園球場に迎えたのは、エース金田《かねだ》正一《まさいち》を擁する国鉄スワローズ（現・東京ヤクルトスワローズ）です。

金田正一は、8年間で182勝も挙げているプロ野球界ナンバーワンの左腕投手です。

長嶋デビューの相手としては願ってもない大物。ファンは、長嶋と金田との対決に胸をおどらせました。

「相手が金田でも、長嶋なら打ってくれるさ」

「いいや、金田がプロ野球の先輩の意地を見せるに決まっている」

何しろ、プロ野球は現在のように、不動の地位を築き、日本野球界の最高峰に君臨していたわけではありません。まだ人気実力ともに東京六大学としのぎを削っていました。世間では、プロ野球と六大学、どっちが強いか？　なんて議論もされていたのでございます。

それだけに、金田としては絶対に負けられませんでした。

金田は1933年（昭和8年）生まれですから、茂雄より3歳上です。名古屋の享栄商業を中退して、17歳の8月に国鉄スワローズに入団し、その年わずか2ヵ月で8勝を挙げ、瞬く間に国鉄のエースにのし上がります。翌年からは7年連続20勝以上をマーク。前年の1957年には28勝を挙げてセ・リーグ最多勝投手に輝いております。

　奪三振数は8年間で2115。奪三振王のタイトルは5回も獲得しています。スピードガンで測ったならば、「155キロはまちがいなく出ていた」「いやいや160キロだったかもしれない」といわれる快速球と、2階から落ちてくると形容された落差の大きいドロップに打者たちはキリキリ舞いしておりました。ドロップというのは、いまでいう縦のカーブです。そのころは「ドロップ」と呼んだものでございます。

　六大学の花形選手・長嶋を迎える金田は、当然のように手ぐすねを引いておりました。世間が大騒ぎしているゴールデンルーキーの存在がおもしろいはずはありません。何しろ金田は、高校を中退し、できたばかりの弱小球団・国鉄スワローズに入って苦労を背負っております。味方打線の援護がないため、勝てる試合も落とします。勝ちも多いが負けも多い、それは182勝に対して150敗という数字が物語っております。万年Bクラス、金田が入ってから国鉄は勝ち越したことがありません。そんな恵まれないチームで投げる自分に比べて、新人・長嶋はなんと恵まれていることでしょう。金田が、プロ野球の先輩の意地にかけても、絶対に抑えてやると意気込むのは当然でした。

「ポッと出の新人になめられてたまるか。ワシはプロやで。打たれたらプロの暖簾《のれん》が泣くわ」

試合前、報道陣に金田はそう言ってマウンドに上がりました。

プロデビュー戦での大勝負

第1打席の第1球、金田は長嶋の胸元に渾身《こんしん》のストレートを投げこみました。わずかに高くはずれていましたが、長嶋はこれに食いついて空振り。

この最初の空振りが長嶋のプロ野球人生を決定づけた、といったら大げさかもしれませんが、マウンドの金田は、ただならぬ迫力に圧倒されたといいます。

(この男、タダ者じゃない)

何しろ、金田の快速球に臆するどころか、ものすごい勢いで振りまわしてきたのです。

鈍い風音が金田に届きました。表面上は平然としていましたが、噂以上の大器だと金田は確信しました。天才は天才を知る、ということでしょう。

2球目、外角低めにドロップでストライク2。

3球目も外角にドロップ。これは少し外にはずれてボール。ふたつのカーブで完全に長嶋は間合いを崩されていました。快速球と落差のあるドロップ。その緩急の差が、大学時代には経験のない大きさだったからです。

そして4球目、インハイのストレートを空振り。長嶋は三振に打ち取られます。

黄金ルーキー長嶋の初打席は三振でした。続く2打席目。

2ストライク3ボールからの6球目、外角高めのドロップに手を出した長嶋はこれを空振り。またも三振に倒れます。じつはこの打席、金田は1球もストライク・ゾーンに投げていません。見逃せば四球で一塁に歩いていたかもしれません。しかし長嶋は打てると感じたボールには食らいつき、結果、三振に終わったのです。

六回まで巨人打線をパーフェクトに抑えていた金田が、七回裏に四球とヒットではじめて走者を背負います。無死一、二塁、ここで打席に立ったのが長嶋です。

すると今度は、速球ばかり3球、ストライク・ゾーンに投げこみました。長嶋のバットはことごとく空を切り、期待に応えることができませんでした。

そして、0対0のまま迎えた九回裏、1ストライク3ボールからの5球目、6球目、続けてど真ん中へのドロップ。「もらった！」とばかり食いついた長嶋のバットは、しかし、ことごとく空を切ったのです。

4打数4三振。長嶋のデビュー戦は、誰も想像しなかった、打者として最悪の結果に終わりました。

試合後、報道陣に感想を訊かれた金田は、何食わぬ顔で答えました。

「長嶋ひとりを牛耳《ぎゅうじ》ったところで、ワシの給料は上がらんよ」

けれど、内心はまったくちがう恐れを感じていました。

(あの男は今後まちがいなく、ワシの前に立ちはだかるやろう)


勝負には負けたが……

登板後、金田がいつものように捕手の谷田比呂美《たにだひろみ》を誘って食事に行くと、谷田が言いました。

「あれだけ完璧に抑えられたのに、ベースにかぶさったり、近づいたりという小細工をしなかった。こんな打者は見たことがない。長嶋はきっと怖い存在になる」

金田もうなずいた。

「結果は4三振だが、絶好調のワシの球を1球だけファウルチップした。とにかくスイングスピードが速い。長嶋という選手は認めざるを得ない」

10回スイングして、当たったのは1球だけ。しかも止めたバットに当たったものだが、金田には茂雄の気迫と才能が十分に伝わっていたのです。

現役を引退してから、金田はこのときの状況を詳しく語っています。金田にはこの試合、どうしても負けられない理由がもうひとつあったのです。

「じつはこのとき、ワシは名古屋に住む親父を球場に招待していた。親父は胃がんに冒されていた。球場は4万5000人の大観衆で超満員だった。三塁側のスタンドから親父が応援する中、ワシは長嶋を4打席4三振に取った。ワシの圧勝だった。

翌日、親父は都内の日赤病院に入院した。もう親父が二度と球場に野球を観にこられないとわかっていたから、ワシはこの年、目の色を変えてひたすら練習し、走りまくった。

野球が大好きだった親父を喜ばせるには、ワシの勝利を知らせるしか方法がなかった。

長嶋にとっては、あの年の天候も不運だった。ワシは6年目から慢性的なヒジ痛に悩まされていたが、記録的な暖冬のためか、ヒジの痛みがスッと消えて、猛練習ができた。冬でも半袖で過ごせるくらいの異常気象が、ワシのヒジをよみがえらせたんや」

たしかにこの年、金田は開幕から9連勝し、「開幕70日目に20勝到達」というとんでもない最速記録を打ちたてます。そして最終的には56試合に登板し31勝14敗、防御率1・30、奪三振311で、投手の三冠を独占します。

長嶋が4打席4三振に泣いたデビュー戦の背景には、こんな事実もあったのです。

本塁打王、打点王、新人王の栄冠

長嶋は初戦こそ散々でしたが、2日後に初ヒットを打って以降は期待どおりの活躍を始めました。

1年目は打率3割5厘、ホームラン29本、打点92。本塁打王と打点王の二冠に輝きます。新人王にも選ばれました。惜しかったのは、打率です。阪神の田宮と首位打者を争っていましたが、シーズン終盤になって試合に出なくなった田宮が打率を保つ一方、ずっと試合に出ていた長嶋は打率を下げ、タイトルを逃してしまいました。もし首位打者も取れていたら、新人ながら三冠王獲得という快挙になるところでした。

もうひとつ惜しいのは、「トリプルスリー」です。37盗塁でしたから、ホームランをあと1本打てば、トリプルスリーを達成するところでした。いえ、じつはホームランは30本、打っていたのです。

それは9月19日の広島戦でした。鵜狩道夫《うがりみちお》投手から新人最多記録となる28号ホームランを打った長嶋は大喜びで1塁ベースを踏み忘れ、アウトになりました。記録はピッチャーゴロ。それさえなければ、トリプルスリーは達成されていたのです。

そんなご愛嬌も含めて、長嶋はプロ野球に鮮烈な新風を巻きおこしました。そして、8月からは川上哲治にかわって巨人の4番打者に抜擢されました。

雨のち晴れ。デビュー戦で4三振を喫しながら、長嶋はすぐに先輩たちを圧倒し、1年目からプロ野球を代表するスター選手になったのです。そして2年目、いよいよ「その瞬間」がやってきます。

第五話

天覧試合のホームラン

天覧試合でサヨナラホームランを放つ

テレビが生み出す熱狂

巨人に入って2年目の春、日本列島は、皇太子殿下と美智子妃殿下のご成婚をお祝いするムードにあふれていました。

結婚式の4月10日に向けて、テレビが飛ぶように売れはじめました。実況中継される結婚パレードをどうしても見たいと、多くの人が自宅にテレビを買い求めたのです。

1953年（昭和28年）2月にNHKがテレビ放送を開始してから、受像機の普及が100万台に達するまで5年の歳月がかかりましたが、ご成婚までの1年で急増し、200万台を突破しました。皇太子殿下ご成婚が、日本中にテレビを普及させたといってもいい社会現象でした。

その日、皇居から青山の東宮仮御所まで馬車で行われたパレードをひと目見ようと、沿道には53万人が集まりました。さらに、テレビを通して見た人を合わせると1500万人を超えたといわれます。テレビを通して、全国の人々が同じ光景を見る、情報を同時に共有する時代に突入したのです。世間の仕組みが大きく変わろうとしていました。そういう時代の流れの中で、長嶋茂雄は登場したのです。

そしてその長嶋が、国民的な人気を不動にする出来事がまもなく起こりました。

皇太子ご成婚から2ヵ月経った6月はじめ、

「史上初の天覧試合が行われるそうだ」

という噂が長嶋の耳に届きました。

(天皇陛下が野球をご覧になる!)

胸がおどりました。

(もし本当なら、ぜひ巨人の試合を見にきていただきたい)

プロ野球関係者もみな興奮しました。昭和22年に社会人野球を観戦されたことはありましたが、プロ野球は過去にありません。

「これでプロ野球が、国民的な人気スポーツだと認めてもらえるぞ」

人気が上昇し、さすがにもう「職業野球」とさげすんで言う人は少なくなりましたが、まだ社会的には白い目で見られる面もありました。天皇陛下がお出でになれば、プロ野球が天下に認められた証明になります。

（素晴らしい試合をお見せして、天皇陛下に、野球を好きになっていただきたい）

野球を愛する誰もが考えたのは、そのことでした。

スランプに陥る

まもなく、正式な発表がありました。

「6月25日、後楽園球場で行われる巨人対阪神戦を天皇・皇后両陛下がご覧になられる」

知らせを聞いて、長嶋は天にも昇る気持ちで飛びあがりました。

「やったぞ、天皇陛下の前で試合ができる！」

ですが同時に、「困った……」、長嶋は空を仰いで長いためいきをつきました。

この年、長嶋は2年目のジンクスなどお構いなしに、開幕から「打てばヒット」というくらい打ちまくりました。ゴールデンウィークには6試合で21打数14安打、ホームラン4本。5月6日の時点で打率4割8分6厘と、手のつけられない好調ぶりでした。

「何としても長嶋を止めろ！」

セ・リーグの各チームは長嶋対策に頭をひねりました。

それでも長嶋は打ちつづけました。

ところが、たったひとつ、長嶋の弱点といいますか、絶好調にストップをかける策に悩まされはじめたのです。

それは、敬遠策でした。

打ちたいのに、フォアボールで一塁に歩かされる。ジリジリして、たまりません。打ちたい！　あふれんばかりの闘志が行き場をなくして、身体の中で暴れまくります。ストレスで、耐えられません。

たまりかねた長嶋は、捕手が立ちあがるのを見てバットを放り出し、素手で打席に立ったこともありました。せめてもの抵抗でした。それでも相手投手はストライクを投げてきませんでした。

敬遠策が始まってから、長嶋はすっかり調子を崩してしまいました。勝負してもらえる打席でも、今度は気がはやりすぎて、自然体で打つことができなくなりました。ほとんどヒットが出ません。梅雨空と同じく長嶋のバットも湿ってしまい、5月から6月までの1

ヵ月間で、打率が1割以上も下がってしまいました。

天覧試合が決まったのは、ちょうどそんなスランプのどん底にあえぐ時期でした。

日本国民と天皇

「明日は必ず打たせてください」

長嶋は、布団の上に正座し、枕元に置いたバットに頭を下げました。

枕元のバットは約20本。いつもはバットを手に取り、バットの芯を指ではじいて音を確かめるとすぐに試合で使うバットが決まります。ところが、この夜ばかりはなかなか1本に決められませんでした。

いよいよ翌日に控えた天覧試合のことを考えると、身体が火照って眠れません。一度もぐりこんだ布団から起きあがって、長嶋はバットを振りはじめました。

ブルン、ブルン、ブルン。

100本は振ったでしょう。汗びっしょり、鋭いスイングの音を確かめると、ようやく胸の重さがやわらいできました。

「茂雄、やるからには日本一の野球選手になるんだぞ」

父の言葉が、耳元によみがえります。

そのころの日本人にとって、天皇陛下は現在とは少しちがって、特別な思い、特別で複雑な親密さを抱いていた大きな存在です。

「天皇陛下のために」

と男たちは戦地に赴《おもむ》き、たくさんの若者が命を落としました。見送った女性たちやお年寄り、幼い家族もみんなが自分を犠牲にし、「お国のために」我慢と辛苦を重ねたのです。普段の生活は度重なる空襲で脅《おびや》かされ、敵の空爆で犠牲になった市民も大勢いました。物資や食糧が不足し、思い出したくないほどつらく厳しい日々が続きました。そのことを老若男女それぞれが胸の中に押しとどめてはいましたが、決して忘れることはできませんでした。

戦争に負けて、日本は大きく変わりました。

戦勝国アメリカの強い指導の下、憲法が改正され、民主主義の世の中になりました。天皇陛下は、戦犯として処刑されるのではないかと国民は深く案じていました。連合国軍も、当然そのように考えていた。ところが、天皇陛下と直接会った連合国軍の最高司令官ダグラス・マッカーサーは、天皇陛下の毅然《きぜん》とした姿勢、高貴な発言に心を動かされたとのちに告白しています。

天皇陛下はマッカーサーに、こう伝えたそうです。

「私を殺してください。しかし、私の名において行動した人は殺さないでほしい」

天皇がてっきり「命乞い」に来たと思っていたマッカーサーは意表をつかれ、感動に震えます。世界の長い歴史の中で、国の元首にあたる人物が戦争の責任を取って自らの命を差し出すことは滅多にありません。マッカーサーは、本国に進言し、天皇ヒロヒトの処遇を改めます。そして、

「天皇は、日本国の象徴であり日本国民統合の象徴であって」

と、新しい日本国憲法で規定されたのです。

それまでの大日本帝国憲法では、天皇は神様のような存在、日本という大きな家族のお父さんという位置づけでした。戦争が終わって、「天皇陛下は神様じゃない。みんなと同じ人間なのだ」とされました。いわゆる「人間宣言」です。そして、終戦の翌年、１９４

6年（昭和21年）から、天皇陛下は精力的に御巡幸と呼ばれる旅に出られました。各地で、市井の人々とふれあう旅です。

GHQの高官の中には、「天皇の名の下に父親や夫や兄弟が戦死したのだから、旅先で罵声を浴び、石を投げられ、暴徒に襲われる可能性もあるだろう」と案じ、いやむしろそれを期待する考えもあったようです。戦後の混乱はまだ続き、食糧や物資は不足したままで、治安も悪く、人々の心はすさんでいました。何が起こっても不思議ではない状況です。けれど、天皇が訪ねる先々で、深い悲しみといつくしみを越えて、人々に生きる決意を与えるような、格別なエネルギーが沸きおこる場合がほとんどでした。不測の事態が起こる恐れを、誰より覚悟されていたのは天皇陛下ご自身でしょう。承知の上で陛下は、特別な警護をつけることもなく人々の間に入っていかれました。そうして、日本じゅうの人々は新しい方向性、そして、天皇陛下と自分たちの新しい関係を肌で感じたのです。

そのような潮流の中で、プロ野球の天覧試合が行われたのです。

天覧試合、プレイボール

1959年（昭和34年）6月25日、梅雨空がうそのように、朝から素晴らしい快晴に恵まれました。

後楽園球場には大観衆が詰めかけていましたが、普段とは少し雰囲気がちがっていました。通常なら、鉦《かね》や太鼓の応援がにぎやかです。この日ばかりは鳴り物での応援が禁止され、厳粛な空気が球場を包んでいました。

天覧試合に臨む誰もが、それまで経験のない緊張と静かな興奮に包まれていました。

巨人の監督・水原も、朝から2度も身を浄《きよ》め、球場に入ったといいます。

この日の審判団でもっとも若い、レフトの線審を務める富澤宏哉《とみざわひろや》も、朝、水風呂で身体を浄めてやってきました。相談して決めたわけでもないのに、それぞれが、特別な思いで準備を重ねてきたのです。

午後6時58分、昭和天皇と香淳皇后《こうじゅんこうごう》が後楽園球場のバックネット裏、ロイヤルボックスに入られました。選手、観客、関係者はみな起立し、敬礼して両陛下をお迎えしました。

午後7時。主審・島秀之助《しまひでのすけ》の右手が上がり、史上初の天覧試合が始まりました。

この模様は、NHK総合テレビと日本テレビが放送しました。日本テレビは、普段8時からのプロ野球中継をくりあげて、この日は試合の最初から中継しています。球場に詰めかけたファンだけでなく、日本全国、たくさんの人々が固唾をのんで天覧試合を見守っていました。

巨人・藤田元司《ふじたもとし》、阪神・小山正明《こやままさあき》、両エースの先発で始まった試合は、追いつ追われつの好ゲームになりました。

三回表、阪神が投手・小山のセンター前タイムリーヒットで1点を先制。

0対1のリードを許した五回裏、４番長嶋に打順が回ってきました。前日の試合でも4打数ノーヒット。スランプから抜け出せていません。

(打たせてください!)

祈る思いで打席に入ると、真ん中から少し内角低めに食いこんできた小山のボールに身体が反応しました。鋭くバットを振りぬくと、白球は一直線にレフトスタンドに飛びこみました。天皇陛下がロイヤルボックスから身を乗り出してご覧になっています。

長嶋の同点ホームラン。スランプがうそのような、見事なバッティングです。

試合は長嶋のホームランで一気に活気づきました。続く5番坂崎もライトにソロ・ホームラン。たったふたりで巨人は逆転したのです。ホームランの勇ましさ、野球のおもしろさの際立つ連続ホームランでした。

阪神も負けてはいません。じつは阪神ベンチも特別な空気に包まれていました。

この試合、阪神の指揮を執ったのは監督・カイザー田中です。ハワイ生まれの日系2世。昭和12年に来日し、日本でプレーしたカイザー田中は、戦争が激しさを増しても帰国せず、「陛下の国で野球を続けたい」と日本にとどまった青年でした。

ハワイで育った幼いころから父親に、「天皇陛下は神様だ」と教えられ、それを信じて生きてきたのです。それだけに、天覧試合はカイザー田中にとっても格別なものでした。

ベンチで出番を待ちながら監督の姿を見ていた村山実《むらやまみのる》がテレビのドキュメンタリー番組でこう証言しています。

「カイザー田中が動かないんですねえ。だからあのゲームは、サインがほとんどなかったと思います。監督は陛下のおられる貴賓室に終始目がいっていました」

やがて、

「ベンチに座って、カイザー田中はずっと泣いていました。試合中から。かなり、いろいろと思い出しておられたのではないでしょうか」

六回表、阪神は三宅のタイムリーで二塁走者吉田を迎えいれ、同点に追いつきます。そしてすぐ、４番藤本勝巳《ふじもとかつみ》が藤田の速球をやや詰まりながらもレフトスタンドに運ぶ2ランホームラン。４対２と再びリードを奪います。

試合が動くたび、天皇陛下は身を乗り出し、何事かつぶやき、試合に熱中しておられました。

スタンドを埋めたファンは、天皇陛下の前で素晴らしい熱戦が展開されていることに興奮し、喜びを抑えきれません。

（天皇陛下に野球のおもしろさを堪能していただきたい）

（野球を好きになってほしい）

それがみんなの願いでした。その願いが通じたように、天覧試合は、野球のおもしろさ、昭和のプロ野球を凝縮したような一戦となりました。

巨人が2点を追う七回裏、新人・王貞治《おうさだはる》の2ランホームランが飛び出すのです。ON《オーエヌ》、つまり王と長嶋が同じ試合でホームランを打つ、アベックホームランの第1号でした。これで４対４、終盤で試合はふりだしに戻りました。野球は「筋書きのないドラマ」といわれますが、まるで筋書きが用意されたかのような、まれに見る好ゲームです。

ここでカイザー田中がようやく動きます。

「村山君、行けるかな？」

まるで幼稚園の子どもをなだめるような声で、カイザー田中は村山に尋ねました。前日も巨人打線を抑えて勝利した村山が、七回裏から満を持してマウンドに上がります。

（絶対に負けられない）

阪神も巨人も、思いは同じです。双方の思いが熱くぶつかりあって、試合は最高潮に達します……。

ネット裏の攻防

天覧試合は４対４の同点で九回裏に入りました。

ところが、この熱戦に水を差す現実的な問題が、ネット裏で関係者たちを悩ませていました。試合が九回を迎えたとき、時計の針は９時を回ろうとしていました。

「たとえどんな試合展開になろうとも、天皇陛下は9時15分にロイヤルボックスをお発《た》ちになり、球場を後にします」

あらかじめそう決められていたのです。

「何とか、試合終了まで天皇陛下に見ていただけないものか？」

「延長に入ったら、もう無理です」

「途中でも、天皇陛下はお帰りになります」

「そこを何とかならないのか」

「警備の都合があります」

ネット裏ではさまざまな『攻防』が展開されていました。

天皇陛下が後楽園球場を発たれる時刻が迫っていたのです。

ロイヤルボックスで天皇陛下といっしょに試合を見ていた読売新聞社主で巨人軍のオーナーの正力松太郎《しょうりきまつたろう》が、

「長嶋にホームランが出そうだから、見ていようじゃないか」

と、傍らにいた後楽園スタヂアム社長の真鍋八千代《まなべやちよ》にささやきました。けれどそれが9

時15分に間に合わなければ、天皇陛下は席を立たれてしまいます。

終盤の攻防に胸を熱くするファンとは裏腹に、ネット裏の関係者たちはみな、どうにもならない現実に気をもみ、ジリジリするばかりでした。

この一戦を中継していた日本テレビ本社と現場の間でも、厳しいやりとりが交わされていました。

「放送時間を延ばすのもこれが限界だ」

「何とか九回裏まで中継させてください！」

次の時間のスポンサーとの調整は、本社の仕事です。現場は少しでも長く延長して中継したい。双方の必死の調整が続いていました。

九回表、阪神の攻撃が無得点に終わり、同点のまま九回裏を迎える攻守交替の間に、中継車から日本テレビの担当ディレクター・後藤達彦《ごとうたつひこ》がさけびました。

「せめてシゲの打席までやらせてください！」

九回裏、巨人の先頭打者は４番長嶋茂雄。マウンドには阪神の若きエース、新人の村山実。

（ふたりの対決を放送せずに中継を終わらせてたまるか。きっとシゲが打ってくれるにちがいない）

後藤には、確信めいた予感がありました。

何とかスポンサーの調整もつき、放送が延長されました。コマーシャルが終わって画面が球場に切りかわったとき、天皇陛下は引きつづき、ロイヤルボックスでご覧になっていました。時計の針はまだ9時15分にはなっていません。9時10分を少し過ぎたところです。

（よかった、天皇陛下がまだ見ておられる。シゲ、頼むぞ！）

祈る思いで、後藤は後楽園球場の中継映像を全国に送りつづけました。

〝みんなの長嶋〟になった夜

村山対長嶋。

2ストライク2ボールからの5球目。

（ホームランを打ちたい！）

長嶋の願い、ファンの願いが、1本のバットに乗り移りました。

内角高めの速球、食いつくように長嶋がバットを出すと、次の瞬間、打球はレフトスタンドに向かって美しい弧を描きました。

長嶋は、3歩、4歩、走ったところで立ちどまり、打球の行方をしっかりと確かめたあと、再び走りはじめました。

なんと劇的なサヨナラホームラン。

4万を超える大観衆がみな興奮と感動で沸きたっています。

(やった、長嶋がやってくれた!)

(最高の試合だ!)

天皇陛下が帽子を高く掲げて長嶋を称えています。

それを見てファンは胸を震わせました。

(天皇陛下が喜んでいらっしゃる)

(長嶋が野球の素晴らしさを見事に伝えてくれた)

大股で、飛ぶようにダイヤモンドを一周した長嶋は、ホームベースを駆けぬけるとすぐ立ち止まり、ロイヤルボックスを見上げて天皇陛下に一礼しました。

天皇陛下と、長嶋と、野球と、国民がひとつになった瞬間でした。

そしてそのとき、長嶋茂雄は〝みんなの長嶋〟になったのです。

天皇陛下から長嶋への戴冠。

巨人は嫌いだという野球ファンも、長嶋のことは嫌いになれない、長嶋は好きだと言います。長嶋は、野球ファンのすべてに一目《いちもく》を置かれる存在です。それは、飾らない人間味や天然の明るさに加えて、天覧試合で野球の素晴らしさを体現してくれた長嶋への感謝と敬意があるからではないでしょうか。

第六話

ON時代、栄光の日々

打席を待つ長嶋（右）と王

ＯＮ時代の幕開け

ここからの第六話は、天覧試合で劇的なサヨナラホームランを打って〝みんなの長嶋〟になった、巨人ファンだけでなく、相手チームのファンからも愛される存在になった長嶋茂雄が、プロ野球のスーパースターとして大活躍を続ける、現役時代のお話です。

天覧試合のあった２年目のシーズン、長嶋は３割３分４厘ではじめての首位打者を獲得します。２位だった国鉄スワローズの飯田《いいだ》徳治《とくじ》が２割９分６厘ですから、ひとりずば抜けた成績でした。

１９６０年も３割３分４厘、１９６１年には３割５分３厘で、３年連続の首位打者。61年には28本で２度目のホームラン王にも輝きます。

１９６２年には、荒川コーチの指導で大変身を遂げた王貞治選手が活躍を始め、38本のホームランを打ってホームラン王になります。それから13年続けて、王はホームラン王を獲りつづけるのですが、長嶋、王が巨人の中軸を打つ時代の幕が開いたのです。

ふたりのコンビは、ニューヨーク・ヤンキースのミッキー・マントル、ロジャー・マリスのコンビがMM砲と呼ばれたのをまねて、ON砲の名前で呼ばれ、すっかり定着しました。Oが先なのは、当初は3番王、4番長嶋の順番だったからです。

あまり表情を変えず、クールにホームランを量産する王選手と、喜怒哀楽を大らかに表現する長嶋の好対照の持ち味も、ONの魅力だったかもしれません。

1965年から、巨人のV9が始まります。9年連続でセ・リーグを制覇、日本シリーズにも優勝するという信じられない快進撃を続けるのです。その中心に長嶋と王がいたのはいうまでもありません。

こうして大活躍を重ねる長嶋は、いつしか〝ミスター・ジャイアンツ〟、そして〝燃える男・長嶋〟と呼ばれるようになりました。

ミスター・ジャイアンツは、かつて少年時代に長嶋が憧れた阪神の藤村富美男が〝ミスター・タイガース〟と呼ばれたことにちなんだのでしょう。少年・長嶋はプロ野球に入って、憧れの藤村と同じ称号で呼ばれる存在になったというわけです。

〝燃える男〟はもちろん、チャンスに強い長嶋への敬意と賞賛のこもった愛称です。長嶋にこれほどふさわしい尊称はないでしょう。

しかしまあ、みなさんよくご承知のとおり、長嶋の活躍を一つひとつ挙げたら時間がいくらあってもたりません。現役・長嶋の光の部分と申しますか、どんな活躍をしたかはさまざまな書物や映像で残されていますから、この『長嶋茂雄永遠伝説』では、あまりみなさんがご存じのない話、知られざる真実に的をしぼってご紹介することにいたしましょう。

王選手専属打撃コーチの証言

まずはじめは、「努力の天才・長嶋茂雄」というお話です。

これは、荒川博《あらかわひろし》さんに直接お聞きした逸話です。

荒川コーチといえば、王選手を一人前の打者に育てるため、川上哲治監督が抜擢した「王選手専属打撃コーチ」です。大毎オリオンズの現役選手でありながら、『安打製造機』の異名をとった榎本喜八《えのもときはち》選手を育てた荒川の手腕を評価していた広岡達朗《ひろおかたつろう》が、川上監督に進言したのがきっかけといわれています。広岡は早稲田大学で荒川の1年後輩でした。

榎本は、長嶋と同じ１９３６年（昭和11年）の生まれ。長嶋は早生まれですから、学年は長嶋がひとつ上です。早稲田実業から、高校の先輩・荒川の伝手で毎日オリオンズ（のちの大毎オリオンズ）の入団テストを受けて合格。最初の5年は3割に届きませんでしたが、それでも高卒1年目からレギュラーに定着。6年目の1960年に3割4分4厘で首位打者を獲得します。

榎本がなぜこれだけの打者に成長したか。その陰に荒川博の存在があったことを川上監督は巨人の遊撃手・広岡達朗から聞かされるのです。鳴り物入りで巨人に入ったものの、なかなか開花せず、「王は王でも三振王」などと野次られていた王の指南役を荒川に依頼したらどうかという広岡の進言を受けいれたのです。川上監督が荒川に託そうと決心した理由は、31歳の若さで榎本を育てたという、その一点だったようです。

そしてみなさんよくご存じのとおり、荒川コーチが王選手の欠点を矯正するために考え出した一本足打法が王を覚醒させ、「世界のホームラン王」と呼ばれる大活躍をするのです。

その荒川コーチから、

「あんまり外では話してないけど、オレは長嶋も教えていたんだ」

と聞かされて私は驚きました。

「巨人の打撃コーチになった最初は王の専属コーチだったが、だんだんいろんな選手が教えてくれって来るようになったんだ。末次《すえつぐ》、黒江《くろえ》……」

そのひとりに、すでに巨人軍不動の４番打者になっていた長嶋もいたというのです。

王選手との思い出を尋ねると、うれしそうに話す反面、時折渋い表情も浮かべる荒川コーチが、長嶋の話になると表情を崩して、本当にうれしそうに回想する。その満たされた表情が印象に残っています。

荒川コーチは、こんな風に言いました。

「世間はさ、『天才・長嶋、努力の王』というけど、実際はちがうんだよ。長嶋は本当に努力の人だった」

そして、こうつけくわえました。

「王が長嶋くらい努力してくれたらなあ。もっとすごい記録が残せたのに」

いったい、どういうことでしょう？

王選手は荒川コーチとマンツーマンで、日本刀で上から吊るした紙を切るなど難しい練習を重ねて、まさに努力で一本足打法を身につけ、ホームラン王になったと伝えられています。ところが、「努力の人」と呼ぶべきは長嶋だと、荒川コーチが言うのです。

「遠征先の旅館で、球場に行く前に素振りを見るんだ。

王は約束の時間になるとバットをぶらさげて涼しい顔でやってくる。

長嶋はちがう。汗びっしょりで来る。素振り部屋に来る前に、自分の部屋でさんざんバットを振って、それから来るんだよ。そこが全然ちがった」

スター選手になっても努力に努力を重ねる長嶋を語る荒川のまなざしは幸せそうでした。

果てない個人練習

長嶋の現役終盤、長嶋に請われてしばしば試合後、田園調布の自宅で素振りにつきあったという元ニッポン放送アナウンサーの深澤弘《ふかさわひろし》も、秘密の特訓について話してくれました。

「試合のあと、ラジオの実況中継の仕事で球場に行っている私を見つけて、長嶋さんが合図してくるんだ。今夜、頼むよと。それで田園調布のご自宅を訪ねると、長嶋さんはパンツ一丁で庭に飛び出す。キリンレモンとメロンをほおばってね。

そして、私にセ・リーグのピッチャーの投球フォームを真似させるんです。

大洋の平松《ひらまつ》、広島の外木場《そとこば》、安仁屋《あにや》……。

遠くに渋谷の灯りが見える高台で。長嶋さんがグッと私をにらみつけて構える。

長嶋さんが追い求めていたのは《究極の形》でした。

『オレは素質だけで打ってきた。それじゃあダメだ。野球の形、理論をオレの打撃に当てはめてみたい。

オレはどっちかというと〝燃える男〟のタイプだから、バッターボックスに入ると投手に向かっていっちゃう。若いころはそれでも対応できたが、老齢になると、泳がされ、タイミングを外される。重心を体の真ん中に置くことが大切なんだ』

長嶋さんはそう話していました。

ピタッと決まれば、素振りは15分で終わりました。しっくりいかずに長くかかると、深夜2時まで及ぶこともありました。

左足を踏みこんだとき、頭が前に出るとグリップが上がってこない。グリップの位置が長嶋さんのいちばんの悩みどころでした」

野球経験のない深澤アナウンサーを相手にそのような個人練習をくりかえし行ったのは、

荒川コーチがヤクルトに移籍して、信頼できるコーチがいなくなったこと、同世代の深澤アナウンサーに心を許せる信頼感を覚えたからでしょうか。

「ガッカリ」の魅力

私は、長嶋茂雄は「チャンスに強い男」である前に、「ファンをガッカリさせる天才」だったと思っています。

いつだって「はじまりは雨」、これは長嶋自身も認めています。

「デビュー戦の三振はねえ、プロ野球の金田さんのときだけじゃないんですよ。大学の初打席も、高校の最初の打席も、たしか三振だったと思います」

ちょっと笑みをこぼしながら、教えてくれました。

長嶋はいつだって、最初はガッカリさせるのです。ファンは悔しさを長嶋といっしょに味わって、そのあと快打の喜びを味わうのです。だから、感激はいっそう深く、長嶋の活躍をまるで自分のやった快挙のように感じるのでしょう。

長嶋ファンなら、長嶋が「ゲッツー王」でもあるという、あまり思い出したくない事実をよく知っています。チャンスで打席に立ち、「燃える男・長嶋はきっと打ってくれるはずだ」と信じて拳を握りしめているのに、しばしば長嶋は内野ゴロ併殺《ゲッツー》に倒れたのです。一塁を駆け抜けたあと、大きく天を仰ぐ長嶋の表情がいまでもはっきりと浮かびあがります。記録を調べると、通算併殺打は257。歴代1位の野村克也《のむらかつや》378には及びませんが、衣笠祥雄《きぬがささちお》、大杉勝男《おおすぎかつお》に続いて長嶋が4位です。

3割打てば一流といわれる野球界ですから、3回に1回は期待を裏切っても当然ですが、ガッカリさせてもファンが長嶋を嫌いにならなかったのは、その明るさ、天然のお茶目さゆえでしょうか。

長嶋の一挙一動には、躍動感と思わず愉快になってしまうユーモラスな魅力があふれていました。

常にファンの満足を考える、徹底したサービス精神も長嶋の真骨頂でした。

「三振は打者としていちばん醜いシーンでしょ。それでもお客様に何とか喜んでいただきたくて、ヘルメットを飛ばす練習をしました」

豪快な空振り三振。勢い余ってヘルメットが飛ぶ光景は有名です。これをひそかに練習していたなんて、いかにも長嶋らしい話です。本当に練習していたのか、それとも照れ隠しのサービストークなのか定かではありませんが、早口でそんなことまで言う長嶋のおとぼけにみんなが引きこまれました。

幻の歌手デビュー

天然といえば、こんなエピソードもあります。

王選手が『白いボール』というレコードを出しているのは、ファンの間ではよく知られています。けれど、この曲、本当は長嶋が歌うはずだったことを知っている人はどれほどいるでしょう？

この曲の作曲者で、のちにシンセサイザー奏者として一世を風靡《ふうび》する冨田勲《とみたいさお》さんが証言しています。

「私はレコーディング・スタジオで長嶋さんを待っていました。ところが、現れたのは王さんだったのです」

いったい、どういうことでしょう？

その理由は長嶋さんが語っています。

「ええ、本当は私が行くはずの仕事だったんですね。でも私はちょっとね。それで練習が終わったあとワンちゃんに、行ってくれないかと、ええ」

まったく悪びれるところがありません。頼む長嶋も長嶋、素直に引き受ける王も王ですね。王さんに訊くと、若いころは、こんな風に長嶋に頼まれて断れなかったことがいくつかあったそうです。長嶋が5歳上、先に巨人の中心選手になっていましたから仕方のない上下関係が当時はあったのでしょう。

「王は記録を残し、長嶋は記憶を残した」

という有名な表現があります。

たしかに、王がシーズン55本ものホームランを打ち、桁《けた》はずれの長打力を発揮してからは、記録の上では王が上回っているように見えます。けれど、長嶋の記録だって、ふつうのものではありません。

首位打者6回はセ・リーグ記録、最多安打10回はプロ野球記録です。ベストナイン17回はプロ野球記録、三塁手として最多連続守備機会無失策214もセ・リーグ記録でした。4試合連続で三塁打を打っている打者も、じつは長嶋しかいません。これはいまでもプロ野球記録です。

長嶋はやはり、しっかりと記録も残しているのです。

潮目のホームラン

ONのライバル関係でいえば、記録か記憶か以上に、私には忘れられない出来事があります。これは、本当はあまり口に出したくないのですが、長嶋を愛する友人にふと話したところ、彼もまた同じ思いを抱いていたので、もしかしたら、日本中に同じ気持ちを感じている方々がたくさんおられるかもしれないと、それでお話しさせていただくのでございます。

王貞治にはじめて会ったとき、私は恐る恐る王に尋ねました。

「オールスターと日本シリーズも合わせて王さんは９１０本のホームランを打っておられますが、その中でもっとも印象深い１本といえばどれですか？」

二十数年前、ＮＨＫの『スポーツ百万倍』という番組の収録前です。プロデューサーが、「１本なんて、無理ですよねえ」、と王さんを気遣って助け舟を出しました。ところが、王はその声を制してすぐに言ったのです。

「ありますよ」

私は、あの１本にちがいない……、悪い予感に胸をえぐられました。

王の言葉は続きました。

「昭和46年の日本シリーズ第３戦、阪急の山田投手から打った逆転サヨナラ３ランホームランです」

その言葉で、私は打ちひしがれました。

悪い予感は、的中しました。

長嶋ファンにとって、ずっと心に刺さっていたあの一撃の意味を、王自身も認識していたのです……。それは、ＮからＯへ、主役交代を意味する象徴的な「事件」でした。

そして令和2年12月、私は山田久志《やまだひさし》投手に尋ねる機会を得ました。

「野球人生で大きな転機を挙げるとすれば？」

山田も即座に答えました。

「昭和46年の日本シリーズ第3戦、王さんに打たれたホームランです」

長いプロ野球の歴史の中でも、そしてV9巨人の歴史の中でも、あの1本は、大きな意味をもつ、歴史的なホームランだったのです。

山田は言いました。

「腰が抜けるって、ああいうんでしょうね。打たれたあと、ヒザに全然力が入らない。立とうにも立てなかった」

マウンドにうずくまったまま、王が三塁を回り本塁でもみくちゃにされる光景をぼんやりと見たような、のちにビデオで見たものか、わからない……。

「どうやってベンチに帰ったのか覚えていません。あとで映像を見ると西本監督が迎えに来てくれている。まったく記憶がないんです」

阪急ナインがみな茫然とする中、ひとりだけセンターの福本豊《ふくもとゆたか》がマウンドに駆けより、山田に声をかけてくれました。

「ヤマ、帰ろ」

福本も、それを言うのがやっとでした。

じつは４番王のホームランの前に、センター前にしぶといヒットを放ち、チャンスを広げたのは３番長嶋でした。

長嶋ファンにとっては、２死一塁からチャンスをつないだ長嶋のセンター前ヒットこそ、「嫌な予感」の前触れでした。

「長嶋、打った、ショート……、あ、いや、抜けました、センター前ヒットです！」

ラジオの実況はそんな風でした。最初は凡打を思わせ、突然、アナウンサーのさけびが明るく転じたのです。長嶋ファンは望みをつないだ長嶋のヒットに拳を握りしめる一方で、４番王が主役になるだろう未来を予感して、複雑な冷気におののいたのです……。

「長嶋さんのあのセンター前ヒットも、多くの人の人生を変えた一打でした」

山田が感慨深げに振りかえりました。

「抜けるような当たりじゃなかった。ふつうならショートゴロです。阪本さんがゴロをさばいて、そのまま二塁を踏めば終わる、打ち取った瞬間、マウンドで私はそう思いました」

ところが名手・阪本敏三《さかもととしぞう》が、いるはずの位置にいなかったのです。捕手・岡村浩二《おかむらこうじ》のカーブのサインを見て三遊間寄りに重心を傾けて守っていたのです。カーブなら強振した長嶋の打球が三遊間に来るはず。ところが、天才・長嶋は泳がされながら山田のカーブを素直にはじきかえしました。そして王の一打が生まれるのです。

「阪本さんはあれでトレードに出されました。岡村さんもいっしょにです」

山田もまた昇りかけた日本一への階段から転落しました。

「あの試合に勝ったら翌日も先発の予定でした。第2戦に勝ったあと、西本監督から言われたのです。あとは全部お前でいくぞと」

一戦必勝の短期決戦、「巨人は山田を打てない」とわかれば、徹底して山田でいく、そういう時代でした。

王に打たれて山田は「変わった」と言います。「野球に対する姿勢があの1本でね。そのあとはとにかく練習をやった、走ったし、鍛えたし」

それまで32勝だった山田が、それから17年間で２５２もの白星を重ねたのは、あの１本で勝負の怖さを知ったからだというのです。

そして長嶋ファンには、長嶋の時代から王の時代に移ったことを痛感して、勝利のうれしさとともに苦い味を噛みしめた、忘れられない記憶が、深く胸の奥に刻まれたのです。

長嶋選手、最後の試合

長嶋にも、やがて引退のときが訪れます。

１９７２年、73年、長嶋は２年続けて打率２割６分台にとどまります。周囲からは、生涯打率が３割を切らないうちに引退したらどうかと勧められる中、現役続行を決意して臨んだのが74年のシーズンでした。

巨人にとっては10連覇のかかる年でした。しかし、中日にペナントを奪われ、ついに巨人の連覇は途切れました。

ひとつの時代が終わりを告げていました。

長嶋は、シーズン終了直前の10月12日に現役引退を発表しました。雨で1日延びた10月14日の対中日ダブルヘッダーが、現役選手・長嶋の最後の舞台となりました。

二度と見られない背番号3の打席を、三塁守備を見ようと、平日にもかかわらず後楽園球場にはあふれんばかりのファンが詰めかけました。

第1試合、長嶋は通算444号のホームランを、満員のファンが待つレフトスタンドに打ちこみました。最後まで、長嶋はファンを喜ばせてくれたのです。

最終戦までのインターバルの間に、長嶋が不意にベンチを出て、フェンスに沿って歩き始めました。

(背番号3を愛し、最後まで声援を送ってくれるファンにどうしても直接お礼がしたい)

強い思いが抑えきれず、予定にない行動を起こしたのです。球場を警備するスタッフからは強く止められていました。けれど、長嶋は外野フェンスまで行かずにはいられませんでした。

「オレは、ファンにあいさつがしたいんです」

長嶋が近づくと、ファンが口々に長嶋への感謝をさけびます。

長嶋は帽子を上げ、手を振って応えていましたが、ついにたまらず、タオルを顔に当てて立ちどまってしまいました。長嶋のそんな姿を見るのははじめてです。ファンもまた、長嶋の姿に感銘を受け、涙、涙、悲しくてたまりません。けれど何ともいえずあたたかな涙が、球場全体にあふれました。そしてもちろん、平日夕方にもかかわらず全国に生中継されていたテレビを通して、その涙は日本中に広がりました。

「わが巨人軍は永久に不滅です」

最後の試合が終わったのが、午後４時57分。長嶋最後の打席はショートゴロ・ゲッツー打でした……。

夕闇に暮れた後楽園球場。

ひとり長嶋の立つマウンドだけが、スポットライトに照らしだされます。

引退を惜しむ悲痛なさけびがスタンドから飛びかう中、長嶋は語りはじめました。

「昭和33年、栄光の巨人軍に入団以来、今日まで17《じゅうしち》年間、巨人並びに長嶋茂雄のために、絶大なるご支援をいただきまして、誠にありがとうございました。

みなさまから頂戴いたしましたご支援、熱烈なる応援をいただきまして、今日まで、私なりの野球生活を続けて参りました。いまここに、自らの体力の限界を知るに至り、引退を決意いたしました。

振りかえりますれば、17年間にわたる現役生活、いろいろなことがございました。その試合をひとつひとつ思い起こしますときに、好調時はみなさまの激しい、大きな拍手をこの背番号3を、さらに闘志をかき立ててくれ……。

また、不調なとき、皆様のあたたかいご声援の数々のひとつに支えられまして……。今日まで支えられてきました。不運にも、我が巨人軍はV10《じゅう》を目指し、監督以下、選手一丸となり死力を尽くして最後の最後までベストを尽くし闘いましたが、力ここに及ばず、10連覇の夢は敗れ去りました。

私は、今日、引退を致しますが、我が巨人軍は永久に不滅です！

今後、微力ではありますが、巨人軍の新しい歴史の発展のために、栄光ある巨人が明日の勝利のために、今日までみなさま方から頂いたご支援、ご声援を糧としまして、さらに前進していく覚悟でございます。長い間みなさん、本当にありがとうございました。」

長嶋茂雄が現役生活を終えたと同時に、プロ野球のひとつの時代が幕を下ろした瞬間でした。

第七話

監督解任の衝撃

巨人の新監督となった長嶋、開幕戦は黒星

巨人軍新監督・長嶋

現役を退いた長嶋は、川上哲治監督勇退のあとを受けて、すぐ監督に就任します。38歳の青年監督の誕生です。

周囲からは、コーチ経験をせずすぐ監督になることを心配する声がありました。長嶋自身も、本当はせめて2、3年、ネット裏から野球を見て準備したうえで監督になりたいとの思いがあったようですが、巨人のチーム事情からそれは許されませんでした。

結果的に、監督・長嶋は、予想を上回る苦難に遭います。

「もうひとりの長嶋を育てたい」

監督になった長嶋はそう語りました。しかしすぐに長嶋に代わる〝燃える男〟は現れません。長嶋が監督になれば、燃える男・長嶋が打線からいなくなる、それが監督・長嶋の最大の悲劇でした。４番王も、全盛時より打棒が衰えています。ポスト長嶋を期待して大リーグから鳴り物入りで獲得したデーブ・ジョンソンは、日本の野球になじめなかったのか、さっぱり活躍せず、〝ジョン損〟と呼ばれる始末でした。

監督1年目の1975年は、47勝76敗、白星を黒星が大きく上回り、最下位という信じられない結果に終わります。巨人ファンがこの1年、暗澹《あんたん》とした気持ちで過ごしたのはいうまでもありません。

2年目の76年には、日本ハムから「3000本安打」の張本勲《はりもといさお》、太平洋クラブ（現・埼玉西武ライオンズ）からエース投手・加藤初《かとうはじめ》を獲得するなどの強化も功を奏し、76勝45敗で見事に優勝を飾ります。そして翌77年も80勝46敗で堂々の2連覇。日本シリーズでは阪急に2年続けて苦杯をなめますが、3年間で2度のリーグ制覇は青年監督としては立派な成績といえるでしょう。

ところが、4年目（78年）は巨人OBの広岡達朗率いるヤクルトが優勝。長嶋巨人は2ゲーム差で後塵を拝しました。そして5年目（79年）5位、6年目（80年）3位と、3年続けてペナントを逃してしまいます。

週刊誌では、『長嶋監督の後任選び』といった記事が出るなど、去就《きょしゅう》を取り沙汰する動きも出てきました。けれど、球団と長嶋の間で夏の時期には、「Aクラス（3位以内）を確保すれば留任」と申し合わせができていたため、長嶋自身もファンも、シーズン最終戦で3位を確保し、ホッと胸を撫でおろしました。長嶋も試合後、饒舌に来季への抱負を報道陣に語りました。ところが、不穏な動きが、長嶋の知らないところで本格化していたのです……。

スポニチのスクープの激震

冷たい雨の降る、秋の朝でございました。

日本中のあちこちで、スポーツ新聞を手にした者たちがうめき声をあげておりました。

「ま、まさか……」

言ったきり、言葉をなくした男たちが何万、いや何十万人いたことでございましょう。

1980年、昭和でいえば55年10月21日。スポーツニッポン、通称スポニチの一面におどる大見出しは、衝撃的なものでございました。

『巨人、長嶋解任』『藤田新監督』

長嶋と始終行動をともにし、気の置けない相談相手だったニッポン放送のアナウンサー・深澤弘は、朝6時前に、会社からの電話で叩きおこされました。

「スポニチの一面報道は本当か！」

まさか！　深澤は全身に悪寒を覚えつつあわててスポニチを取りにいくと、一面いっぱい、自信にあふれた大きな見出しが広がっておりました。

（6時では、まだ早すぎる……）

時計をにらんで黙りこんだ深澤は、6時半になるのを待って、長嶋の自宅に電話をかけました。

最初に出たのは、亜希子《あきこ》夫人です。

「うちの人、昨夜は一睡もできなかったみたい。たぶん、起きていると思うわ」

それからすぐ、電話の向こうから長嶋の声が聞こえました。

深澤が、息をのんで尋ねます。

「ミスター、スポニチに……」

少し間があって、長嶋の言葉が聞こえます。

「頼む、その記事を読んでくれないか」

深澤は、言われるまま、タイトルから本文、小さな見出しまで全部、読んで伝えたのでございます。

わずかな沈黙が流れます。

「これは、本当ですか？」

深澤の問いかけに、長嶋が答えます。

「ほとんど本当だ」

「そ、そんな！」

感情をあらわにしたのは深澤のほうで、長嶋はいつになく冷淡でございました。まるで他人事《ひとごと》のような言い方。深澤の怒りを鎮《しず》めるように、長嶋が続けます。

「しかし、まだ決定したわけじゃない。逆転の余地はある。だが、話が記事のように進んでいるのは事実だ。いずれもう少し時間が経って世の中が動き出すと球団から呼び出しがある。そうすればはっきりするが、その記事のようになる可能性が大きい」

巨人軍の戦績

「まだ、ひっくりかえる可能性はある。今日の午後、役員会が開かれる」

つけくわえた長嶋の言葉に、力はありませんでした。

（なぜだ？　約束がちがう！）

深澤の怒りは、全国の長嶋ファンの怒りそのものだったでございましょう。

「Aクラスを確保すれば留任」

シーズン半ばに、球団の方針が確認されていたのです。たとえ優勝を逃しても、3位までに入れば長嶋監督は来年も指揮を執る。長嶋も選手も、それを信じて、最後の最後まで戦ったのでございます。

そして昨日、シーズン最終戦、広島カープとの一戦に勝ち、3位の座をがっちりと守ったのです。

「来年こそペナントを奪還する」

試合後は笑顔の記者たちに囲まれ、上機嫌で抱負を語った長嶋でございました。

この年、優勝したのは、古葉竹識《こばたけし》監督率いる赤ヘル軍団。78年にはプロ野球初となるシーズン205本塁打を記録。赤ヘル打線と異名をとったその猛打で、79年には2度目のセ・リーグ制覇。日本シリーズで近鉄を下し、悲願の日本一。そしてこの80年も連覇を遂げたのでございます。

リードオフマン高橋慶彦《たかはしよしひこ》が盗塁王に輝き、打率も3割をマーク。主砲の山本浩二《やまもとこうじ》は44本でホームラン王、打点112で打点王、打率は3割3分6厘、立派な数字です。首位打者争いこそ中日・谷沢健一《やざわけんいち》、ヤクルト・若松勉に続く3位にとどまり三冠王を逃したものの、優勝チームの4番打者にふさわしい打棒を奮いました。そして山本浩二に続く5番打者には鉄人・衣笠祥雄、役者がそろっておりました。

一方、巨人の敗因は誰の目にも明らかでした。

打てない。

チームの投手成績はセ・リーグ断トツの1位。江川卓《えがわすぐる》が16勝で最多勝に輝き、防御率では1位をヤクルト・松岡弘《まつおかひろむ》に譲ったものの、2位江川、3位定岡正二《さだおかしょうじ》、4位西本聖《にしもとたかし》と、上位を独占したのでございます。この3人だけで39勝。安定した3本柱をもちながら足を引っ張ったのはセ・リーグ最低の打撃陣でありました。チーム打率がリーグ最下位の2割4分3厘、得点もリーグ5位。いくら投手陣が抑えても、打線の援護がなく、落とす試合が多かったのです。

3位なら留任。世間にはそう伝わっておりました。

長嶋もつい昨日まで、すっかりそれを信じこんでいました……。

しかし、読売経営陣の判断が、シーズン終了が近づいて変わったのです。

巨人の不振によって新聞の売り上げが減少。日本テレビのナイター中継視聴率の落ちこみは目を覆うばかり。スポンサー離れも深刻でした。

常勝・巨人軍は、常に勝者でなければなりません。

いかに功労者そして人気者の長嶋といえども、これ以上、指揮を執らせるわけにはいかない。

そうした内部の情勢をつきとめ、丹念な取材を重ねて確信を得たのが、スポニチのスクープとなったのでございます。

長嶋、浪人になる

午後、球団の意向を聞かされた長嶋は、血がにじむほど唇を噛んで、これを受け入れるほかありませんでした。

男・長嶋、引き際で自らの栄光の歴史、そして巨人軍の輝きに泥を塗るわけにいきません。長嶋は大勢の記者とテレビカメラを前にして、ノドの奥から言葉を絞り出すようにつぶやきました。

「男のけじめ、です」

しかし、明らかにそれは長嶋自身の決断でなく、読売巨人軍に強いられた、切ない服従にほかなりません。

形の上では「辞任」。しかるに実態は、スポニチが伝えたとおりの「解任」でありました。

長嶋が斬られた。読売に捨てられた。ファンもまた複雑な思いを抱え、困惑いたします。

（巨人ファンをやめる）

（読売なんて、二度と信用するものか）

しかし、長嶋は、巨人にとどまったのです。

長嶋がとどまる以上、ファンも巨人を捨てるわけにいかない……。

藤田《ふじた》元司《もとし》を監督に迎えて巨人は新たなスタートを切りました。球音が響けば、またファンは巨人を応援する。いつの日か、長嶋が再び監督としてユニフォームを着る、その日を願って……。


「浪人」と呼ばれたその期間中、長嶋は、文化人として活躍を続けました。

クリスチャンの亜希子夫人とともにローマ法王に謁見《えっけん》。当時世界的な人気を誇った歌手フリオ・イグレシアスとも会見しました。世界陸上では日本テレビのレポーターを務め、男子100メートルで優勝したカール・ルイスに「へい、カール！」と声をかけて記者たちの度肝を抜いたのもミスターの面目躍如《めんもくやくじょ》。常識の枠に収まらない長嶋の長嶋らしさは、球場外でも光を放ちました。

「暴投なんて気にするな！」

浪人中も次々に新しい長嶋伝説をつくり、武勇伝に事欠かない長嶋でしたが、浪人中のもっとも長嶋らしい逸話を挙げろといわれたら、少年野球の指導をしたときの光景が、私の中には深く刻まれております。

監督解任から４年目、長嶋復帰を待望する声は日増しに高まっておりました。

「巨人が無理なら、ほかの球団でもいいからグラウンドに帰ってきてほしい」

「長嶋のいないプロ野球なんて、火が消えたようでつまらない」

そんな中、横浜大洋ホエールズが熱烈にラブコールを送り、世間の注目は、長嶋が大洋のユニフォームを着るのか、着ないのか、その一点に絞られておりました。ちょうどそのころ。

ミスターは少年野球教室のコーチを依頼され、札幌に向かったのです。

子どもというのは残酷なもので、解任されて４年、引退からはや10年ですから、長嶋を見て興奮しているのはお父さん、お母さんばかり。肝心の野球少年たちは、

「誰？　このおじさん」

と冷めたまなざしです。それが一変したのは、ミスターがユニフォーム姿で三塁の守備位置に就き、自らノックを受けて模範を示してすぐでございました。

「ダッシュだ！　捕ったらすぐ投げろ！」

さけびながら、長嶋は猛烈な勢いで前進し、捕るやいなや素早く一塁に送球します。投げるとすぐ守備位置に戻って、ノックの打球に向かいます。また猛烈なダッシュ。これを何度もくりかえします。すると、みるみる子どもたちの目が変わりました。魅せられたように、一点を見つめています。

「ダッシュだ！　捕ったらすぐ投げろ！」

長嶋は相変わらず、ダッシュと送球をくりかえします……。

よく見ると、子どもたちのまなざしは長嶋ではなく、一塁方向にくぎづけになっております。

（ん？）

親たちが不思議に思って目をやると、長嶋の送球はことごとく、一塁手が捕れない、とんでもない暴投だったのでございます。

それを察してか、長嶋はさけびます。

「捕ったらすぐ投げろ！　暴投なんか、気にするな！」

少年たちはますます目を輝かせます。そして、待ちきれずに立ち上がり、それぞれのポジションにつきました。ノックが来る、長嶋がさけぶ。

「捕ったらすぐ投げろ！　暴投なんか、気にするな！」

子どもたちもさけびます。

「暴投なんか、気にするな！」

〝燃える男〟長嶋茂雄の熱は、浪人中も健在でありました。

ミスターは、昔の名前で威張っていたんじゃあ、ありません。会った瞬間、長嶋を知らない子どもたちさえ熱くする、途方もない魅力の持ち主なんだと改めて知らされました。目の前で、子どもたちさえ惹きつけてしまう。ここに〝みんなの長嶋茂雄〟の核心があるといってもいいでしょう。

それにしましても、約束を反故《ほご》にした読売にとどまり、自分はプライドをズタズタにされながら巨人の栄光を守り通した長嶋の決断は果たして、正解だったのでしょうか？

解任から40年も経ったいまだからこそ、ひとつの答えが出ているのではないかと思ったりするのです。

あえていま、長嶋茂雄の生き様をお伝えしながら、あのころ気づかなかった、ファンがあえてふれようとしなかった長嶋茂雄の思い、長嶋の選んだ道筋に光を当てたいと考えるのは、私の身勝手でございましょうか。

読売に斬られたのだから、巨人を離れてもいいはずでした。

それなのになぜ、長嶋は巨人を捨てなかったのでしょう？

西武ライオンズの思惑

解任の朝、じつはすぐに動いた球団がございました。当時、巨人に代わる球界の盟主の座を狙っていた西武ライオンズです。

監督の根本陸夫《ねもとりくお》が、新聞を見てすぐ、深澤弘に電話をかけています。

「おい、スポニチの記事は本当か？」

「本当のようです」

「お前は知っていたのか」

「寝耳に水です」

「じゃあ、どうして本当だとわかるんだ」

「いま、ミスターに直接電話で聞きました」

「そうか、わかった。人の不幸を喜ぶわけではないが、おもしろくなってきたな。オレはいま、池袋のサンシャイン・プリンスにいる。すぐ来い、朝メシ食べようや」

根本に言われたら強引でも仕方がありません。急いで用事を済ませ、深澤は約束の午前9時半には根本の元に参りました。

「オレは、長嶋は有能なコーチだと思うが、どうだ」

根本が深澤に訊きます。

「そうです、ミスターの打撃理論はオーソドックスで、これしかないというものです」

「そうだろうな。人はシゲのことを動物的だとか言うけれど、動物的カンで打つやつがあんなにフォームを気にするはずがない」

そして、続けました。

「緑さわやかな西武ライオンズ球場。コーチボックスは一塁に長嶋、三塁に広岡。どうだ、すごい絵になるぜ。それでオレが監督だと、マンガになっちゃうな」

気持ちよさそうに根本が笑うのを、深澤は複雑な思いで見つめました。時代が激しく動きはじめている、とてつもない時代の大波が後ろから自分をのみこもうとしている。これが歓迎すべき胎動なのか、阻止すべき策謀なのか。まったく判断ができません。そんな深澤をよそに、豪腕・根本の行動は動き出したら止まらないのでございます。その場ですぐ、電話を取りました。会話の相手は、西武ライオンズの方針の一切を支配していた総帥・堤《つつ》義明《みよしあき》オーナーです。

深澤の目の前で、根本は堤オーナーから、『長嶋獲得』の承諾を得てみせたのです。


根本と長嶋が直接会ったのはそれから約3週間後、11月13日の夜でした。

東京プリンスホテルの一室で、根本は長嶋に言いました。

「もし長嶋君が引き受けてくれるなら、すぐにでも監督を譲る」

〝我が〟巨人軍という自負

それがこの日の会談の目的だと、長嶋は承知していたのでございましょうか。

あえて結論を申し上げるまでもなく、長嶋は、根本の申し出を丁重に断りました。

運命の決断、といってもよかったでしょう。

歴史に「もし」は禁物と申しますが、この日、長嶋が根本の差しのべた手をつかんでいたら、日本の野球界はどう動いていたでしょう。

セ・リーグとパ・リーグの人気逆転はもっと早く起きていたかもしれません。

この根本陸夫、のちにダイエー・ホークス、現在の福岡ソフトバンク・ホークスに移り、巨人の監督を解任された王貞治をホークスに呼んだ人物でもあります。

長嶋は応じず、王は応じた。

そして、解任からちょうど20年後の2000年秋、ONが監督として対決する日本シリーズが実現したとき、すでに根本は前年に鬼籍に入っておりましたが、不思議な感慨をもって空の上から見ていたのではないでしょうか。

読売ジャイアンツを中心とする日本プロ野球のビジネス・モデルは、もはや崩壊していると多くの人が指摘しています。ところが、12球団はまだ読売の顔色をうかがうばかりで古い体制から脱却できません。それはまさに、長嶋が巨人に解任されながらも巨人を守りつづけた、長嶋が動かなかったためだ、とはいえないでしょうか。

「我が巨人軍は、永久に不滅です！」

引退セレモニーでさけんだあの言葉、その約束を、長嶋は貫きとおしたのです。

それは、「我が巨人軍」、伝統ある巨人軍の絶大な人気を不動にしたのは「長嶋だ」という強い自負の現れ。「私が巨人だ」とさえ思う意識が長嶋の中に息づいていたからかもしれません。

「飼い犬に手を噛まれた」とよく申します。

長嶋は、読売の飼い犬……。

いいえ、ちがいます。長嶋にとっては、ジャイアンツは自分そのもの。だとすれば、読売は自分の飼い犬のようなもの。長嶋にすれば、解任は「飼い犬に手を噛まれた」、そんな心持ちだったのかもしれません。

言わずもがな、12年の歳月を経て、長嶋茂雄は再び巨人の監督に復帰するわけですから、長嶋の決断と忍耐は、まちがっていなかった、というほかありません。

しかし、長嶋を斬りすてた読売を許せない、と思う庶民感情が完全には消せないのもまた、人の世の事実なのでございます。

長嶋監督解任の波は全国へ

日本中、多くの長嶋ファンに衝撃を与えた『監督解任』。もちろん悲しい出来事でしたが、この出来事はひとつの時代を「終わらせた」だけではありませんでした。長嶋解任に刺激され、触発を受け、影響を受け、新たな伝説を生み出した人たちもまた、あちこちにいたのです。

たとえば、少年時代から長嶋に胸を焦がし、高校球児だった丸沢和宏《まるさわかずひろ》もそのひとりでございました。

大学は出たけれど、学生運動が敗北に終わりかけた世相の中、丸沢は就活もせず、就きたいわけでもない仕事に就いて、無気力に日々をやりすごしておりました。

本当は、音楽の仕事がしてみたかった。

野球に明け暮れた高校時代、長嶋茂雄の躍動にあこがれる一方で、丸沢の心をつかんだのはイギリスから世界中に熱狂を巻き起こした４人組、ザ・ビートルズでございました。

しかし、音楽の経験が深くあるわけでもありません。自信をもちきれず、丸沢は挑戦もせず、映画の看板を描く仕事でその日ぐらしの生計を立てておりました。

そのころ、新宿でも池袋でも、人が集まる町には必ず、大きな映画の看板が街角を彩っておりました。時代を象徴する町の風景。それなりにやりがいのある仕事ではありましたけれど、

（これがオレの、本当にやりたかった仕事じゃない）

そのことは誰よりも丸沢自身が知っておりました。

(逃げている。オレは逃げているのだ)

ももやもやする毎日。そんな丸沢の前に、長嶋解任の衝撃が襲ったのでございます。

(ま、まさか。

何をやっているんだ。オレは、何をやっているんだ……)

長嶋茂雄の解任を知って、そんな気持ちになった長嶋信者は丸沢だけではございません。多くの若者が、何かやれることはないか、長嶋さんのために、そんな気持ちになったと告白しています。そして、新しい人生に踏み出すきっかけを与えられたのです。

(オレが何かをやり遂げなければならない)

なんともいえない怒り。

このまま権力に踏みにじられ、埋もれたまま死んでいくわけにはいかない。

長嶋解任によって、世の中に思いがけない「抵抗の狼煙《のろし》」が上がったのはたしかでございます。その中のひとり、丸沢和宏は、かねて情熱を抱いていた音楽業界への挑戦を決意しました。それまでは、自信がもちきれず、ためらいつづけていた。もはや、躊躇《ちゅうちょ》している場合ではないと、理屈抜きに身体が動いたのでございます。

ＣＢＳ・ソニーレコード（現・ソニー・ミュージック・エンタテインメント）に志願し、なんと丸沢は合格してしまいます。自信があるとか、実績がないとか、そんなものは関係ありません。ミスターにもらった不思議な力で、丸沢は歩みだしたのです。そこで与えられたのは、新人発掘の仕事でありました。

「もうひとりの長嶋を育てたい」

業界はちがっても、人々を芯から魅了する太陽のような存在を生み出す、丸沢の情熱が胸の奥にたぎります。

（ビートルズのような、若者の生き方、考え方にまで影響を与える日本人アーティストを世の中に送り出す！）

音楽界の若きカリスマの誕生

ある日、丸沢の前に、誰にも愛されていないといった顔の、尖った高校生が現れました。まっすぐに目を見ようとしない。しかし、時折向けるその目は、怖いくらいに光っておりました。

十代の葛藤をそのまま抱えこんで行き場を見つけられずにいる。激しいいらだちともがき苦しむようすが、全身からあふれ出ている。しかし、それをどこに、どうやってぶつけていいのかわからない。まさに、青春の蹉跌《さてつ》と葛藤をすべて背負いこんでいる高校生。彼はそれを自ら生み出す曲に託して、歌い、さけぶのです。

オーディションのステージで、この高校生は、こんな自作の曲を歌いました。

『安いダンスホールは　たくさんの人だかり
陽気な色と音楽と　煙草のけむりにまかれてた
ギュウギュウづめの　ダンスホール
しゃれた小さなステップ
はしゃいで踊りつづけている　おまえを見つけた』

その歌声は、切なく、鋭く、丸沢の心をかきむしった。

(この男だ)

丸沢は確信したのでございます。
必ず世に送り出す。オレもいっしょに、世の中をぶっ飛ばす。
(ややもやする若者たちに、この男の歌が、何かことを動かす爆弾になる!)
デビュー・シングルに決まった歌詞は、次のものでした。

『落書きの　教科書と　外ばかり見てる俺
超高層ビルの上の空　届かない夢を見てる
(中略)
自分の存在が何なのかさえ　解らず震えている
十五の夜』

そう、尾崎豊《おざきゆたか》。
丸沢との出会いがなければ、尾崎豊が世に出ることはなかったかもしれません。
ライブ中、激しさが募って、7メートルもある照明のセットから飛び降り、左足を骨折した、それでもスタッフの肩を借りて歌いつづけた伝説のアーティスト。丸沢はそんな尾崎をすべて受け入れ、支えつづけたのでございます。会社や業界からの大人の要請をすべてはねつけ、尾崎が尾崎であるための盾となり、自分の身体を張りつづけた。

それもこれも、あの長嶋監督解任から始まっていたとは、音楽ファンのほとんどが、そして野球ファンも知らなかった秘められた伝説でございましょう。

それほど長嶋茂雄は、野球以外の分野にまで、大きな波を発しつづける存在だったのでございます。

悲しすぎる長嶋解任。けれども、燃える男・長嶋のエネルギーはただその仕打ちに屈してはおりませんでした。

長嶋と、長嶋の熱に打たれた者たちは、天才や芸術に敬意を払わない「権力者の横暴」を、じつはこんな形で蹴散らしていたのでございます。

天才・長嶋は、天才プロデューサー・丸沢和宏を触発し、天才・尾崎豊を生み出した。

そして再び、解任から12年を経て、長嶋自身、巨人の監督に返り咲くのでございます。

第八話

10・8決戦へ

背番号33をつけ、長嶋は野球の表舞台に戻ってきた

長嶋、野球界への帰還

監督解任のあと、長嶋は長い浪人生活を送ることになりました。当初は、

（2、3年でまたユニフォームを着てくれるだろう）

なんとなく、誰もが思っていましたが、現実は甘くありませんでした。

巨人は長嶋の後任の藤田監督が優勝、2位、優勝と着実な成果を挙げ、助監督を務めた王監督に引き継がれました。巨人にはしばらく戻れそうにありません。そうなると、他球団で監督になる、そういう期待が浮上しました。

実際、西武ライオンズ、ヤクルトスワローズ、横浜大洋ホエールズなどの球団が、熱心にラブコールを送っていました。

長嶋ファンは、他球団には行ってほしくない、だけど長嶋監督がグラウンドで躍動する姿を見たい、ジレンマに悩みながらもジリジリする日々を送るしかありませんでした。

それは誰よりも、当の長嶋も同じでした。

（グラウンドに戻りたい。

戻るなら、巨人でなければならない。
しかし、巨人はワンちゃんが……)

文化人として、多彩な分野で活躍する姿は、グラウンドとはまたちがう長嶋の魅力を人々に印象づけたのも事実です。

私が感動した場面のひとつは、トライアスロン・レースでの出来事でした。日本トライアスロン連盟の会長を務めた長嶋は、レースの朝、スターターを務めました。その日はあいにくの雨、ウエットスーツに身を包みながらも、選手たちは背中を丸め、レースへの期待より、悪天候への不安と落胆に沈んでいるように見えました。輝く朝の太陽と青空が似合うトライアスロン、なのにスタート地点の海岸は暗い雲と冷たい雨に覆われています。ところが、長嶋の一言で、アッと言う間に会場全体に花が咲いた、パッと光が射し、熱く燃えあがったのです。あの一瞬の変化をいまも思い出します。

スターターの台に上がった長嶋はピストルを鳴らす前にこうさけびました。

「雨もまたよし!」

力強い声、間髪入れずにピストルを鳴らすと、号砲とともに選手たちは「ウォーッ！」と雄たけびを上げ、ついさっきまでの暗さから一転、弾むように海に駆けこんでいったのです。

たった一言で大勢の心に火をつけてしまう。それが長嶋です。監督でなくても、長嶋は長嶋でありつづけ、日本にエネルギーを注ぎつづけていました。

けれどやはり、監督待望論は高まるばかりです。

『長嶋、横浜大洋監督、決定か』

と、多くのメディアが書き立てたのは、浪人4年目でした。かなり確実だとの情報が飛びかい、「間もなく正式発表か」との観測も広がりました。しかし、その年のオフも、結局動きはありませんでした。

この真相についても、横浜大洋（現・横浜ＤｅＮＡベイスターズ）と長嶋の仲介役だった深澤弘・元ニッポン放送アナウンサーから聞かせてもらいました。しみじみと、こう話してくれました。

「長嶋さんは、一度は横浜大洋の監督就任を決意しかけたんです。最後の決断にあたって、長嶋さんは信頼する後援者４人に相談をした。すると2対2で意見が分かれてしまった。それで長嶋さんから、『やはり大洋には行けない』と連絡を受けたとき、私は全身の力が抜けてへたりこんでしまいました」

巨人でなく、他球団で監督になる話は実現寸前まで進んでいたのです。しかし結局、寸でのところで、長嶋は思いとどまった。引退セレモニーで、「わが巨人軍は永久に不滅です」とさけんだ、巨人愛を貫きつづけたのです。

そして12年という長い浪人期間を経て、１９９２年（平成４年）10月、巨人の監督に復帰します。長嶋は56歳になっていました。

監督解任の雪辱を果たしに

就任して1ヵ月後に開かれたドラフト会議で、長嶋は早速、長嶋らしい勝負強さを見せつけ、ファンを沸かせます。その年の目玉選手・松井《まつい》秀喜《ひでき》（星稜高）を見事に引き当てたのです。

「やはり長嶋はちがう」「何かもっている」

また、MLBから現役大リーガーのジェシー・バーフィールドを獲得しました。

折しも日本列島は、まもなく誕生し開幕するJリーグの話題で沸騰していました。野球ファンだけでなく、日本人の誰もが「まさか」と思っていた野球とサッカーの人気逆転が、本当に起きそうな勢いが吹き荒れていました。長嶋監督復帰は、こうした流れに一石を投じる、野球側の期待も担っていたのです。

復帰1年目は、残念ながら3位に終わりました。チーム打率が12球団最低では、長嶋が目指す「スピード&チャージ」の野球ができるはずもありません。

そして2年目の1994年、平成でいえば6年、中日からフリーエージェントの落合博満《おちあいひろみつ》を獲得。入団2年目の松井秀喜の成長もあって、開幕から首位を走ります。

ところが夏場に失速、優勝争いは混沌としてしまいます。

シーズン最終盤、あと1勝が遠く、なかなか長嶋巨人は、セ・リーグ優勝をつかみきれません。残すはあと2試合。

今日勝てば優勝が決まる！　10月6日、1年の命運を決める大事なヤクルト戦が、神宮球場で行われておりました。

ふがいないピッチャー

「槙原《まきはら》、何やってんだ！」

「チキショー、優勝が消えちまった」

罵声《ばせい》が飛ぶ、神宮球場のレフトスタンド。

多くの巨人ファンが、頭を抱え、うめき声をあげております。

「本当に、槙原は大事な場面でガッカリさせてくれるよ」

「ああ、あんなヤツ、エースじゃねえ」

ピッチャーというのは、よければもちあげられ、打たれればボロクソに言われる。因果なポジションでございます。

しかし、いまこの場面では、槙原がどれだけ罵倒されても、まあ、仕方がないところでございましょう。

ファンの失望、その思いは、マウンドに佇む槙原寛己《ひろみ》本人も、じつは同じでございました。

（せっかく、せっかく、長嶋監督に任せてもらったのに。

恩のある監督の役に、立てなかった……）


槙原寛己、一生の不覚。

同じ時刻にナゴヤ球場で阪神と戦う中日が「負けたら」という条件つきではありましたが、巨人ファンはこの日の胴上げを信じて、神宮球場に詰めかけていたのでございます。

先発した斎藤雅樹《さいとうまさき》が六回まで好投、1対0のリードで終盤に入りました。七回からマウンドに上がった橋本清《はしもときよし》がランナーをふたり許して2アウト一塁、三塁。ここで長嶋監督は、最終戦の先発と見られていた槙原を、惜しげもなくマウンドに送ったのでございます。

「今日、必ず優勝を決める」

その意思がはっきりと見てとれる優勝采配。

ファンはもう狂喜乱舞、

「優勝だ！」「ここを抑えて、今日決めるぞ」

巨人の応援席は最高潮に盛りあがりました。

ところが槙原、広沢克己《ひろさわかつみ》にレフト前ヒットを許し、同点に追いつかれてしまいます。ヤクルトスワローズにも、2年連続セ・リーグ優勝、前年には日本一に輝いた王者の意地があります。

なおも2アウト一、二塁。左打席に迎えたのは秦真司《はたしんじ》。

決して派手な選手ではありません。けれどバッティング・センスは抜群。キャッチャーでヤクルトに入団しながら古田の陰に隠れ、外野に転向して打棒を生かした苦労人。野村監督に新たな生きる道を与えられた選手のひとりでございます。

槙原をリードする巨人のキャッチャー村田《むらた》真一《しんいち》は、外角低めに構えています。そこにズバッと投げこめば、まず秦は見送るしかありません。ところが、槙原の表情には燃えるような闘争心、緊張感が感じられません。なぜか気が抜けたような変化球が、真ん中から内角やや低めにフラフラッと沈みこみます。

これを秦は見逃しませんでした。

スパーン！

秦のバットが一閃《いっせん》。

高々と舞い上がった白球は、打たれた瞬間、ホームランとわかる一撃。ヤクルトファンが緑の傘を持って待つライトスタンドに舞い降ります。

これで4対1。

沸き上がるライトスタンド、意気消沈するレフトスタンド。

この日の胴上げが遠のいた瞬間でございました。

勝負は直接対決の優勝争いへ

結局、巨人はヤクルトに6対2で敗れ、中日は阪神に勝ちました。なんと、両チームともに69勝60敗で首位に並んだのです。

さあ大変なことになりました。

シーズン最終戦を残して、巨人、中日の2チームが完全に同率で並んだのです。長嶋茂雄という人はどこまでドラマチックな展開を呼びこむのでありましょう。しかも残された1試合は、中日対巨人戦。首位に並ぶ両チームが直接対決で優勝を争う、史上はじめての大勝負が用意されたのでございます。

『国民的行事』と長嶋監督が形容し、まさに日本中が、2日後に行われる世紀の決戦に胸を焦がした、もう日本の津々浦々までこの「世紀の一戦」の話題でもちきりです。テレビもラジオも新聞も巷でも、話題といえば中日・巨人の最終戦。野球好きもそうでない人も、このときばかりは誰も彼もがプロ野球、セ・リーグ最終戦に思いを募らせておりました。

折しも、前年1993年はサッカーのJリーグが誕生した年。日本中がサッカー、サッカーに明け暮れた。日本のナンバーワン・スポーツは野球だと、誰も疑わなかったところにJリーグが発足し、野球人気がサッカーに取ってかわられました。

野球好きにとっては「まさか」の出来事、「衝撃的な時代の変化」が起こっていたときであります。1年前の10月には、サッカー日本代表がはじめてのワールドカップ出場を目指して最終予選を戦い、それはもう日本中が大変なフィーバーに包まれました。『ドーハの悲劇』と呼ばれたイランとの最終戦は、深夜にもかかわらず視聴率が48・1パーセントを記録するという大変な熱狂ぶり。もう日本中がサッカー一辺倒になり、みんなが心を奪われた。そんな中で、久々に野球が主役に返り咲いた、そういう意味でも大きな意義のある『国民的行事』だったのであります。

その中心にいたのが、やはり長嶋茂雄でございました。

本来なら、この試合はすでに終わっているはずでした。ところが、台風の接近によって、2日間にわたって試合が延期され、セ・リーグ事務局はやむなくこの試合を先に延ばし、10月8日に組みこんだのです。それが、こんな劇的な舞台になろうとは、誰が予想したでしょう。

槙原の苦悩

さあ、どちらが勝つのか。

勢いづいたのは中日でしょう。何度もあきらめかけた優勝の望みが、最後にまたつながったのです。しかも、最終戦の舞台は本拠地・ナゴヤ球場。有利なのは中日ドラゴンズだ、そう見る声が少し多かったかもしれません。

土壇場でみすみす優勝を逃して追いつかれた、長嶋巨人は大丈夫か。

緊張と不安を抱えて、巨人ナインは新幹線で決戦の地、名古屋に向かいました。

もちろんこの中に、槙原寛己もおりました。

まあ、巨人戦士の中で、誰がいちばん青ざめていたか。言うに及ばず、この槙原でありましょう。何しろ、前日のヤクルトとの試合で戦犯のようになっています。そして明日の最終決戦でも、先発を任されることがほぼ確実視されているのです。

すべてはこの槙原の右腕にかかっている、といっても過言ではありません。

もし初回に大量点でも奪われようものなら、優勝の望みは木っ端微塵《こっぱみじん》に砕け散ってしまいます。そうすれば槙原、とても生きては帰れません。

(ああ、オレは大丈夫か。最後の最後で、役に立てるだろうか)

新幹線の中でも、口数は少なくなります。何しろ、自信がもちきれません。考えれば考えるほど、重圧だけがのしかかります。

元来、身体は大きいけれど、肝っ玉はそれほどでもありません。むしろ、気が優しくて、プレッシャーには強くないほうです。

「ここ一番に弱い」

それはファンの間で、槙原の代名詞になっておりました。いわば周知の事実。

この年の5月18日、福岡ドームで完全試合を成し遂げた槇原でしたが、勝負のかかった大一番で好投したためしがありません。そのことが気がかりで、自分でも自分を信用しきれないのでございます。

(明日、マウンドに上がってみなければ、わからない。最初のバッターをうまく抑えられれば、リズムに乗れると思うが……)

そんな、情けない思いが先立っておりました。

不安を感じていたのは、ナインも、そしてコーチ陣も同じでございます。

「監督、先発は桑田《くわた》のほうがいいのではないでしょうか」

思い切って、進言したコーチもおりました。

しかし、長嶋監督は涼しい顔で、考えを変えようとはしませんでした。

「大丈夫ですよー。マキが必ず抑えてくれます」

監督がそう言うのならば、信じるほかありません。けれど、みな、不安を拭いさることができません。微妙な空気をはらんで、長嶋監督以下、巨人ナインは、名古屋駅に近いいつもの定宿、名古屋都《みやこ》ホテルに入ったのであります。

ホテルには、1本のビデオテープが用意されていました。

明日の中日先発は左腕・今中慎二《いまなかしんじ》投手でまちがいないだろうと見られていました。何しろ、巨人キラーと呼ばれる今中に巨人打線はまったく分が悪い。このシーズン、今中を打ち崩したのはわずか1試合だけでございます。ほかはすべて、腹立たしいまでに抑えこまれています。

今中攻略なしに勝利はありません。巨人のスコアラーは、今中を打ちこんだたった1試合のビデオを編集し、くりかえし、今中を打ち崩す巨人打線の映像を選手たちの目に焼きつけたのでございます。

17本の赤いバラと槙原の決意

槙原はといえば、ホテルの部屋で落ちつかない夜を過ごしておりました。

気持ちが高ぶって眠れそうにありません。

恩人ともいうべき長嶋監督のためにも、明日は好投し、絶対に勝利をつかみとらねばならない。長嶋監督の「誠意」がなければ、槙原は今日、巨人のユニフォームを着てこの場所にはいなかった。それをいちばんわかっているのは槙原自身でございます。

1年前、槙原は自己最高の13勝をマークしました。チームで最多の勝ち星。もはや斎藤雅樹、桑田《くわた》真澄《ますみ》をしのぐエースといってもいい実績を上げました。ところが、球団はどれほど槙原を評価してくれたのか、誠意がまったく伝わってきませんでした。それというのも、槙原はその年、フリーエージェントの条件を満たし、その気になれば自分の意思で移籍先を選べる権利を獲得しておりました。通常であれば、球団が真っ先に三顧の礼を尽くし、槙原に好条件を示して、「残留」の打診をするべき状況です。ところが、待てど暮らせど、巨人から連絡がありません。

（どうなっているんだ？　球団はオレを必要としていないのか？）

不信を募らせた槙原は、他球団への移籍を半ば決意したのでございます。

「必要とされていないなら、他球団に行くしかない」

半ば意地になって、フリーエージェント権の行使を表明しました。ファンはもちろん、騒然となりました。

「槙原を手放すな！」

「桑田、斎藤、槙原の3本柱で、来年こそ優勝するんだ！」

すると、真っ先に動いてくれたのが長嶋監督だったのでございます。

あの長嶋茂雄が、恥もプライドもなく「17本の赤いバラ」を携えて槙原の自宅を訪ねました。その光景がテレビでも報じられ、大変なニュースになりました。17は、槙原の背番号の数でありまして、いかにも長嶋監督らしい心遣いだと評判になったわけですが、じつはあとで数えてみたら20本あったと、この辺はまあ、ご愛敬ということでご勘弁願います。

さて、とにもかくにも、前代未聞の熱いラブコール。長嶋監督自らの行動に、槙原は深く感じいり、改めて〝ジャイアンツの槙原〟として、優勝奪還を目指し、「長嶋監督のためにも優勝に貢献する」と固く誓ったのです。それが、1年前でございました。

そんな記憶も脳裏をよぎります。

横になっても眠れそうにない、と思いながらも、槙原は明日午後6時の試合開始に備えて、日付が変わってまもない時間にはベッドに腰をおろしました。そして、不安に押しつぶされそうになる胸に手をやったあと、この1年、キャンプの初日からずっと習慣にしてきた、あることをして、ベッドにもぐりこんだのでございます。

その習慣が、翌日、槙原を別人のように変身させてくれる布石だなどと、このとき槙原自身もまったく気づいておりませんでした。


「オレたちは、絶対に勝つ！」


決戦の朝がやって参りました。

新聞もテレビも、朝から『国民的行事』の話題一色です。

「巨人が球団創設60周年を自ら祝えるか」

「中日が逆転優勝を果たすのか」

「先発が槙原で大丈夫か」

「桑田に代えてほしい」

さまざまなファンのさけびが聞こえて参ります。

槙原は、まだ胸に重石を感じながら、出発の準備を整えます。

いつもなら、出発時間にそれぞれバスに乗りこんでナゴヤ球場に向かうのですが、この日は特別に、出発前、選手、スタッフ全員が、都ホテルの一室に集まるよう指示がございました。決戦に向けた、最後のミーティングをここで行うためであります。

緊張に青ざめた顔もありました。いつもは軽口のひとつも叩く選手たちが、唇を固く結び、何もしゃべろうとはいたしません。どの顔にも、闘志と緊張と不安と、さまざまな感情が渦巻いて落ちつかないようすです。

無理もありません。勝てば優勝、負ければ4年連続でペナントを逃すことになる。過去2年続けて、野村克也監督率いるヤクルトスワローズに胴上げを許してきた悔しさを、なんとしても晴らさなければなりません。

この一戦の重さに、槙原は、そして選手たちは誰もが押しつぶされそうでした。

そんな中、集まった選手を前に、長嶋監督が口を開きました。

何か少ししゃべってすぐ、長嶋監督は、気迫のこもった声で言いました。

「オレたちは、絶対に勝つ!」

落ちつかなかった選手たちが、この瞬間、パッとひとつの気持ちでまとまりました。

ハッとした表情の選手たちに、長嶋はもう一度、さけんだのでございます。

「オレたちは、絶対に勝つ！」

「ウォー！」

選手、コーチ、スタッフ全員が激しく呼応しました。

「よっしゃあ、絶対に勝つぞ！」

誰彼ともなくさけび、肩を叩きあい、胸をぶつけあい、「勝った、勝った」と、まるでもう優勝したかのような歓喜と雄叫びがチーム全体を覆ったのでございます。

その瞬間から、チームから一切の不安と緊張が消し飛びました。

あの槙原でさえも、理屈抜きの感動に包まれて、全身が熱く燃えあがっております。不安など入りこむ隙がありません。

まるでもう、優勝することがわかっているかのような自信をみなぎらせて、巨人ナインは、決戦の舞台に乗りこんだのでございます。

ホテルを出ようとすると、そこには大勢のファンが待ちかまえ、選手たちをもみくちゃにしました。そんなことも、シーズン中にはない、異様な盛りあがりを物語る光景でありました。選手たちは、ファンの波をかきわけるようにして、バスに乗りこんだのです。

いやもう、ひとたび闘志に火が点いた巨人ナインにとって、ファンにもみくちゃにされようが、交じっている中日ファンが罵声を飛ばそうが、動じることはありません。

長嶋監督の智謀

ところでなぜ、気の弱さが心配されていた槙原さえも、長嶋監督のたった一言で、別人のようなたくましさをまとったのでしょう?

この話を聞かされたプロ野球ファンの多くは、改めて長嶋監督のカリスマ性、即興的に選手たちを鼓舞するオーラに感服したでしょう。けれど事実は、そんな単純なものではありません。じつはその裏側に、知られざる長嶋茂雄の知的な戦略がございました。半年以上もの長い月日をかけて、長嶋は用意周到に、この一言に破壊力をもたせるべく、導火線に、丹念に火薬を詰めてきたのでございます。

はじまりは2月1日の前夜、宮崎キャンプを迎える最初のミーティングのときでした。長嶋監督は、選手、スタッフ全員を集めて、静かに言ったのです。

「今年は必ずペナントを奪還する。今日から優勝するその日まで、みんな夜寝る前に必ず、枕を叩いて誓ってもらいたい。オレたちは絶対に勝つ、と」

大の男たちが、長嶋監督に言われて全員そうしたかどうかは、わかりません。しかし、大半の選手が監督の言葉を頭の隅に刻みつけておりました。

そして、少なくとも、まじめな性格の槙原寛己は、長嶋監督との約束をシーズン中、ずっと実践したひとりでございました。この話は、槙原から直接聞かせてもらいました。

毎晩寝る前に、槙原は枕を叩いて、つぶやいたのです。

「オレたちは絶対に勝つ」

寝る前に必ず優勝を誓い、明日への眠りについた。あの日から数えれば、もう250回、槙原は枕を叩いて自分に言いきかせてきたのです。

その250日の積み重ねの上に、長嶋はさけんだのであります。

「オレたちは、絶対に勝つ！」

その言葉の重みは、ただの思いつきの一言とはわけがちがいます。250日も毎晩毎晩、自分に誓いつづけてきた。その上での一言です。ついに勝負の時が来たのです。

胸の奥にためこんでいた強い思いを、いよいよ果たすときが来たのであります。

初回、マウンドに立った槙原寛己は、もう弱気な槙原ではありませんでした。

「オレたちは絶対に勝つ！」

負けるわけがない。オレが打たれるわけがない。

超満員で迎えた初回、中日先発の今中慎二が好投。巨人先発の槙原寛己も何とか中日打線を無得点に抑え、いずれも譲らず、試合は二回に入ります。そしてついに、この「世紀の一戦」が動き出すのです。

さあ、この続きは第九話、もうひとりの主役と長嶋監督との「男の約束」を通して、さらに深くお伝えいたします。いよいよ次回、最終話と相成ります。

第九話

日本中が熱狂した夜

『国民的行事』の一戦を制し、胴上げされる長嶋

巨人軍と落合博満

球史を彩る『伝説の10・8』。さらには、日本シリーズへと続く大勝負。天才・長嶋茂雄が打ち立てた数々の偉業の終盤を彩る1994年、平成6年のシーズンを語る上で、忘れられない、もうひとりの主役がおります。

長嶋に、ずっと関心がない振りをしつづけていた男、落合博満でございます。

1993年、長嶋は12年ぶりに監督復帰したものの3位に終わりました。これで巨人は3年続けて、優勝を逃したことになります。

来年は球団創設60周年。何としても優勝を飾って、60周年を祝うことは大命題。それに何より、長嶋巨人は2年続けて優勝を逃すわけに参りません。

1度解任の憂き目に遭い、2度目も失敗するなど絶対にありえない。仮に世間が許しても、長嶋茂雄の業績に「2度目も失敗」などと刻まれてはなりません。もしそうなれば、現役時代の長嶋伝説は、過去の栄光、海の藻屑と消え去るようなもの。監督としても、まだ果たせていない悲願の日本一を達成しないことには、長嶋伝説は成り立たないのでございます。

復帰1年目のシーズンは「貧打」に泣きました。打線の強化が必須です。そこで、長嶋監督が白羽の矢を立てたのが、中日ドラゴンズの4番、落合博満でありました。落合はこの年、新たに採用されたフリーエージェント制の条件を満たし、自分の意思で球団を選び、移籍できる立場にありました。

「長嶋が落合獲得に乗り出す」

噂が流れたとき、落合の巨人入りが実現すると思った人はあまりおりませんでした。

「まさか、落合が巨人には入らないだろ」

「もう下り坂の老兵だぞ、役に立つのか?」

大勢はそんな空気でございました。

何しろ、1953年12月9日生まれの落合は、この移籍騒ぎの最中に40歳を迎えます。

長嶋は38歳で引退、王は40歳で引退しております。「まだまだやれる」の声はありましたが、王は最後の年、ホームランこそ30本打っておりますが、打率は2割3分6厘にまで落ちこみました。

落合はちがうのか？

アンチ巨人も、巨人ファンでさえも、落合の巨人入りには懐疑的でした。

気難しいといいますか、一筋縄で動かないのが落合でございます。いわば「はぐれ狼」のような性格ですから、「紳士たれ」が伝統の巨人には似合わない。それをいちばん知っている落合が、縛りの面倒くさい巨人には入らないだろうと誰もが思いました。

巨人ファンはそもそも、落合のことがあまり好きではありません。あの拗《す》ねたもの言い、巨人や長嶋さんに対してさえ、どこか上から目線の態度、日ごろから腹に据えかねております。

だいたい、落合が長嶋さんに敬意をもっているという話もあまり聞いたことがありません。むしろ、その逆だと、多くのファンが思っておりました。

「あいつは礼儀も男気もないヤツだ」

「金でしか動かない人間だからな」

「まあ、ジャイアンツのことだ。長嶋監督がどうしてもって望むのなら、金に糸目はつけないだろうよ」

「そりゃもっとシャクに障《さわ》るぜ。落合の思うツボじゃねえか」

そんな会話も、あちこちであったとかなかったとか。

落合博満という男

もちろん、打者としての実績は申し分ありません。

落合博満、言わずと知れた「三冠王」。

中島治康《なかじまはるやす》、野村克也、王貞治、日本のプロ野球で過去3人しかいなかった三冠王を1982年に達成します。さらに、85年、86年、2年連続で三冠王を獲得。あわせて3度の三冠王はメジャーリーグにも例のない、落合博満、世界で唯一の存在であります。

まさに、日本を代表する打撃王。ところが、世間の風は冷たいと申しますか、よく王と長嶋を比較して、『記録の王、記憶の長嶋』などと形容されます。これは落合にも当てはまることでございまして、いくら落合が数字を重ねて打棒のすごさを見せつけても、遥か雲の上に奉《たてまつ》られる『記憶の長嶋』にはかなわないのです。

「落合はもう長嶋を超えたね」

などとはまちがっても言ってもらえないのでございます。それが落合には、普段口には出しませんが、次第に大きな不満になっていたのかもしれません。

それでまあ、ますます、長嶋に対する発言も、はっきりとは申しませんが、

「あの人、オレよりすごい記録もってるの？　オレ、全部超えたよね」

てな感じにどうしてもなってくるわけでございます。これが長嶋ファンにはカチンときます。

「落合、なめてんじゃねえぞ」

「記録で抜いたからって、燃える男・長嶋の数々の感動を超えるだけの活躍を落合、ひとつでもやったのか」

ところが、この落合、本当は子どものころから熱心な長嶋ファンだったのでございます。同じ世界に入って、ずっと背中を追いかけて、どこかで抜いたかもしれない、そんなひそかな喜びを感じてもいた。けれど、誰も認めてはくれない。

末っ子が、拗《す》ねていたようなもの、かもしれません。

信子夫人には素直に打ち明ける落合です。

「いくら記録を重ねても、オレは所詮、長嶋さん、王さんを超えたとは言ってもらえない。長嶋はすごかった、王はすごかった、野村もすごかった。

記録の上では、ほとんど全部、抜いているんだぜ」

プロ野球選手になり、数々のタイトルを獲得してはじめて知る、世間の風の冷たさ。

そんな落合の尻を叩いたのは、誰あろう、信子夫人であります。

「父ちゃん、拗ねてる場合じゃないよ。あんたは打って打って、稼いでくれなきゃ」

「あ？　いくら打ったって、長嶋さんの明るさにはかなわない」

「そんなことはないんだよ。いつか気づいてくれるときが来るわ。父ちゃんがいちばんすごいんだから」

拗ねるというのには理由があります。

落合は素っ気ない調子ですが、じつはあれこれ目端《めはし》が利くのでございます。簡単にいえば、頭がいい。野球を論理的に語れる名選手というのは、そう多くはありません。落合には、野球の裏も表も、世間の裏も表も、よーく見えるものですから、核心でもない嘘八百を、鬼の首を取ったかのように伝えるテレビの報道や評論家たちの科白《せりふ》がばかばかしくて仕方がありません。

上から目線になるのも致し方ないというのは、落合には、誰が本物か、誰が偽物か、モノの本質が一発でつかめております。

しかし世間は、そんな見方はしてくれません。打った、勝った、負けた、凡退した、テレビがそれらしく仕立てあげれば、何でも本当だと思いこんでしまう世の中です。

だいたい、どうやったら打てるのか、たったそれだけの打撃の核心をきちんとわかっている打者というのも、古今東西、落合から見たらあまりいるように思えません。落合にはそれがわかるから打てるのです。

長嶋はといえば、まあ、一流大学を出て出世するような、いわゆる優等生タイプとはちがいます。理屈でものを考える人種には理解できませんから、監督として結果が出なかった最初のころは「選手としてはすごかったけど、監督としてはね」などと、揶揄《やゆ》されていました。しかしそれは、頭でっかちのエリートの言う戯《ざ》れ事《ごと》。本質を見抜く目は、言うまでもなく鋭いものがございます。それは単なる「ヤマ勘」とか「運」ではございません。

落合に白羽の矢を立てたのも、深い深い理由があったからでございます。これはもう、天才と天才だけにわかる、次元のちがう予知能力のようなお話かもしれません。

男の約束

さて落合、長嶋監督からじきじきの入団交渉を受けますと、いとも簡単に巨人入りを決めてしまいます。混乱したのは、むしろ巨人ファンだったかもしれません。

「おいおい、年俸3億8000万円だってさ！　そんな大金を払っても、落合はもう打てないぞ」

「長嶋監督はほしがり屋だからねえ。いまさら落合と心中だなんて、勘弁してくれよ」

ロッテで8年、中日ドラゴンズで7年目を過ごしたこの年、打率2割8分5厘、ホームラン17本、打点65。かつての怖さは影をひそめ、チームの主砲としては少し寂しい数字であることは否めません。

「長嶋さんも薹《とう》が立ったな。これで来年も巨人の優勝はなくなった」

「落合にかきまわされて終わりだぜ」

けれど「落合獲得」は、復帰1年目に3位とつまずいた長嶋監督の、苦しまぎれの思いつきではありませんでした。

入団の経緯については、長嶋監督と落合の仲介役でもあった深澤弘・元ニッポン放送アナウンサーから、次のように聞きました。

「二度目の巨人監督復帰が決まった翌日でした。長嶋さんは私に会うなり、

『落合を獲れないか』

と言ったのです。

私は答えました。

『今年は無理です。来年なら可能性はあるでしょう』

ちょうど、ＦＡ制度の導入が検討されていたからです」

深澤の進言に、長嶋は渋々うなずいたといいます。
監督復帰を果たした当初から、長嶋の頭には、
（中日の落合博満を巨人の４番に据える！）
という構想があり、落合獲得を長嶋監督は熱望していたのです。

一方、落合はといえば、後年、こんな風に語っております。

「あの年、移る気はなかったの、オレは。
東京に家があるんだから、東京には帰ってくる予定はあったの。
ただ何もいまさら、ちょうど40歳になるときだから、あれがね。
いまさら動いてどうこうってわけでもないだろうなと思ってたの。
このまま野球をやめられればそれでいいんじゃないかというのがあったんで。
他人事のような感じだったね。最初は、あのころは」

何とも、気のない感じでございます。こんなところにも、燃える男・長嶋とちがって、ファンが落合に熱狂しにくいところでしょう。

さらにこう続けています。

「決断の理由？　長嶋さんが頭下げたからですよ。頼みこんだから行っただけのことですよ。

ちがいます？『どうやってもほしい』と言ったからでしょ。

この人がそんだけ苦労して、頭下げるってことはよっぽどのことなんだろうな、やっぱり手助けしてやんなきゃいけないのかな」

「楽しみなんてのは、これっぽっちもなかった。これは。

引き受けるってことは、こっちの責任が重たいってことだから。

入団発表のとき、言ったよね。

全部の反対を押し切って、ナベツネさんと長嶋さんが『全責任を取るから』ってことで、これで優勝できなかったらクビなわけじゃない？　それを覚悟してオレを獲りにきたんだから。長嶋茂雄のクビを飛ばすようなことはしちゃいけないだろうな。末代までの恥だっていうようなことで記者会見を終わらせたでしょ。だから、楽しみとかってのは、なかったね」

巨人入団記者会見は、しれっ、とはしていましたが、それまでの落合の印象をすっかり変えてしまう驚きがありました。

落合は、意外なほど殊勝なことを言ったのでございますから。

「オレは長嶋さんを必ず男にする。

約束して巨人に入った。

それが果たせなかったら、オレは孫の代まで恥を抱えることになる」

しかし、新年を迎え、キャンプインが近づく時期になっても、世間は長嶋監督の判断と、力の衰えが隠せない落合に厳しいまなざしを向けておりました。

「信じるったって、あの年だぞ」

「セ・リーグのピッチャーは落合の弱点をみんなわかっている」

「これまではロッテ、中日。ノーマークの球団で好きなように打っていたけど、巨人となれば話はちがう。どの球団も巨人にだけはと必死に向かってくる。落合も大口は叩けなくなるさ」

そんな中、キャンプに向かう前にインタビューさせてもらうと、長嶋監督は、落合獲得についてこう話してくれたのであります。

「落合の打棒は落ちたとか、獲得しても意味がないとかいう声もありますが、私が落合に来てもらったのはほかでもありません。あのリーダーシップ、存在感。私は試合中、ベンチからそうしばしば出るわけにいきません。落合が一塁の守備位置に立っていれば、もうひとりの監督がそこにいるようなものです。これが何より、大きいのです。打撃のほうは、打率2割8分、ホームラン15本も打ってくれたら十分です」

打率2割8分、ホームラン15本。巨人の4番としてはあまりにものたりない数字。けれど、長嶋監督は「それでいいのだ」「その覚悟で、落合を獲った」。そして、「落合を4番に据えて、今年は必ずペナントを獲る」と力強く予言したのであります。

続いて落合にもインタビューさせてもらいました。落合は、私に改めてこう語りました。

「長嶋さんを男にするため巨人に来たんだから、必ず優勝します。勝てなかったら孫の代までの恥になる。そんなことは絶対にできません」

そして、やや恥じらいがちにこう教えてくれました。

「長嶋さんは、子どものころから憧れた大スター。光り輝く存在でした」

じつは落合も長嶋の申し子。長嶋引退のときは、東芝府中で社会人野球をやっておりましたが、あの日、落合はいたたまれず、会社を休んで後楽園球場のスタンドから長嶋引退をその目に焼きつけたと告白しております。

〝憧れの長嶋さん〟から三顧の礼をもって迎えられた。男冥利《おとこみょうり》に尽きる大仕事です。男・落合、意気に感じてこのシーズンに臨む覚悟でございました。

開幕戦の大勝利

さあ、1994年（平成6年）4月9日、球団創設60年目のシーズンが幕を開けました。

「闘う男としましてね。さまざまな感動の場面、あるいは興奮のね、場面、選手の力を信じながら今年は戦っていきたい、そう思っています」

決意を語る長嶋の表情がますます輝いています。

開幕戦の相手は広島カープでした。

落合があいさつがわりの一発を打つと、東京ドームは割れんばかりの大歓声に沸きました。守ってはエース斎藤雅樹が九回を5安打完封。完璧ともいえる大勝で、幸先のよいスタートを切りました。たった1試合で判断するのは早計ですが、この日のホームラン、この日の勝ちっぷりで、気の早い巨人ファンは開幕前の心配を吹きとばし、一気に優勝ムードが漂ったのでございます。

のちに中畑コーチ（当時）もしみじみと振りかえっております。

「ナンバーワンは最終戦でしょうけど、そこにたどりつくまではやはり開幕戦。あまりものを申さない落合が開幕前にある激励会の席上で『任せておいてください。5点は取れる打線ですから』と宣言してくれた。そして開幕戦、そのとおり松井とのアベック・ホームランで豪快な船出をした。口に偽りなしとそこから2ヵ月好調が続いたわけですから非常に思い出深い試合です」

実際、落合効果は明らかで、ジャイアンツは広島との開幕2連戦に連勝して首位に立つと、4月は13勝6敗で首位を走ります。5月こそ13勝10敗とやや勢いを落としましたが、6月は16勝6敗。2位に9・5ゲームもの大差をつけて独走態勢に入ったのです。

もうひとりの監督

とにかくこのシーズン、サヨナラホームランが多かったのが特徴です。

若き主砲・松井秀喜《ひでき》が、伏兵の福王《ふくおう》が、お祭り男・デーブ大久保《おおくぼ》が、曲者《くせもの》・元木《もとき》大介《だいすけ》が、次々と勝負を決める劇的なアーチをかけ、日替わりヒーローとなってファンを熱狂させました。

落合の加入に刺激を受けたか、入団2年目の松井秀喜も覚醒します。

「松井秀喜が長打を打てば負けない」

そんな神話も生まれました。

8月18日の中日戦、松井秀喜が1試合2本のホームラン打って中日を破ると、早くも「マジックナンバー25」が点灯します。

ところが、このころから、巨人の快進撃にブレーキがかかりはじめました。強いばかりが長嶋巨人ではありません。ドラマチック、エキサイティング、さすが長嶋采配というべきでしょうか。

前半戦最下位だった広島が猛烈な追いあげを見せ、一時は巨人に1・5ゲーム差と迫ります。序盤から好調の中日も、広島とともに激しく巨人に並びかけます。思いがけず、独走・巨人の尻に火がついたのです。

選手たちは、恐怖におののき、冷静な心理状態を失っていました。

このとき、苦境を打破したのは、監督・長嶋ではありませんでした。まさにその長嶋が、もうひとりの監督と白羽の矢を立てた落合博満が、自発的に動いたのです。落合は、遠征先のホテルの一隅に、選手たちを集めました。

そこで何を話したか明らかではありませんが、その日を境に、巨人ナインがまた勇気を取りもどしたのはまちがいありません。まさに落合は、長嶋監督が期待した「数字以上の存在感」をシーズンのもっとも大事な局面で発揮したのです。

最後まで中日とのデッドヒートが続きましたが、もし落合の行動がなければ、巨人はあのまま勢いを失い、優勝戦線にとどまることさえできなかっただろうと、多くの選手が振りかえっております。

10・8　世紀の熱戦

長嶋と落合の因縁《いんねん》。ファンも世間も、ふたりの感性や男気を懐疑的に見ていました。過ぎてしまえば忘れられがちですが、長嶋と落合が逆風をモノともせず決断した末の『国民的行事』、このことは改めてお伝えしておかなければなりません。最初はみんな信じていなかった、ここが重要なのでございます。

そしていよいよ、『長嶋茂雄永遠伝説』は大詰めに入ります。

運命の10・8。

口火を切ったのは落合博満のバットでございました。

「数字など、期待していない。落合が打率2割8分、ホームラン15本も打ってくれたら十分だ。それより試合中、ダイヤモンドに『もうひとりの監督』が立っている。その存在感を期待している」

そうです。何十本のホームランより、この試合の先制の1本がどれほど重いか。ここで打つのがまた落合でございます。

二回表、落合が放った先制ソロ・ホームランを合図に巨人ナインが覚醒しました。そして、落合のホームラン数は15本になりました。そしてなんと、この日を2打数1安打で終えた落合の打率は、ちょうど2割8分になっておりました。

長嶋も天才、落合も天才。

単なる数字を超えた天才たちの共鳴が、史上もっとも劇的といわれるシーズンを紡ぎあげたのでございます。

その落合は三回裏、立浪和義《たつなみかずよし》のゴロを捕球した際に足を滑らせて負傷。この回で退場いたします。

落合の身体はもう限界に達しておりました。これもまたドラマ。ベンチに下がった落合の欠場が、いっそう、巨人ナインの闘志の火を燃えあがらせたのです。

「落合さんのためにも、負けるわけにいかない」

「オレたちは絶対に勝つ！」

何と申しましょうか。

大舞台で活躍するのも天才ならば、よきところでスッと姿を消す、これがまた天才かもしれません。走り出した巨人の勢いはもう止まりませんでした。

残り1試合、通常ならローテーションで回す三本柱の桑田真澄《ますみ》、斎藤雅樹、槙原寛己を順番に用意し、惜しみなく投入する作戦でした。このシーズン、桑田、斎藤がそれぞれ14勝、槙原が12勝。3人だけで40勝を稼いでいます。

巨人は一回裏、早くもピンチを迎えました。1死一、二塁。4番大豊《たいほう》の当たりはピッチャー槙原の足下を鋭く抜けました。誰もが先取点かと固唾をのんだ次の瞬間、あらかじめベース寄りに守備位置を移していた曲者・元木大介二塁手がこの打球を正面でさばき、難なくダブルプレーに仕留めて中日ファンの大きなためいきを生んだのであります。

「あのプレーが明暗を分けた」と、多くのファン、そして評論家たちがうめくようにつぶやいた、元木は隠れた殊勲者でした。

さらに二回、槙原が4連打を浴びて同点にされると、長嶋監督は早くも動き、斎藤雅樹を投入。斎藤はノーアウト一、二塁のピンチを見事に切り抜け、六回まで1失点に抑えます。

打線は小刻みに加点し、六回を終えて6対3。そして七回からは桑田がマウンドに上がりました。走者を出しながらも無失点に抑えた桑田は、最後の打者・小森を三振に打ち取り、『国民的行事』は、巨人の勝利で幕を閉じました。

悲願の日本一達成

最終戦でケガを負った落合は日本シリーズを欠場。4番不在となりましたが、ケガの功名と申しましょうか。落合不在で巨人はさらに熱を増すのです。私自身がシリーズ前に、落合に代わって4番に入ると予想される原辰徳《はらたつのり》にインタビューしたときのことです。あの原辰徳が……、と寒気がするほどの厳しい一言をつぶやいたのです。私が、落合不在について質問したときです。原辰徳は、憮然《ぶぜん》とした表情で言いました。

「巨人の4番は、私ですから」

強烈なライバル意識、そしてプライド。原辰徳にこう言わせるほど、落合の存在は選手たちを刺激し、触発していたのです。

長嶋監督は当然、そのような選手の気持ち、チーム内の化学変化を想定していたのでしょう。わかっていながら、涼しい顔で、前へ前へと選手のまなざしを向けてチームを鼓舞したのです。知られざるリーダーシップの賜物《たまもの》といえるでしょう。

かつてV9の僚友だった西武ライオンズ・森監督との対決となった日本シリーズは、4勝2敗で巨人が制し、長嶋監督は3度目の日本シリーズ挑戦でついにはじめて日本一を勝ちとりました。

試合のあと、巨人の祝勝会場からビールかけの映像がテレビ画面に浮かびあがりました。マイクを向けられた監督・長嶋茂雄は、頭からビールをかぶり、髪が乱れるのも気にせず満面の笑みを浮かべ、カメラに向かってグラスを差し出して言いました。

「全国のみなさん、杯《はい》を上げてください！」

巨人以外のチームのファンも、思わず杯を上げたのではないでしょうか。

天真爛漫《てんしんらんまん》な天才・長嶋の笑顔は永遠です。そして長嶋の笑顔は、勝者も敗者もなく、すべての人々をひとつにする幸せのエネルギーを放っていました。

エピローグ（試合後のコメントに代えて）

長嶋監督はその後も2度リーグ優勝を果たし、2000年にはパ・リーグを制したソフトバンク王監督との『ON監督対決』を制して再び日本一に輝きました。

2001年、巨人の監督を勇退したあと、2002年12月、野球日本代表監督に就任します。そして2003年11月、アジア選手権で優勝し、アテネ五輪代表権を獲得しました。

ところが2004年3月4日、長嶋監督は脳梗塞で倒れます。一命はとりとめましたが、現場復帰はかなわず、中畑清コーチが代理を務めて日本代表はアテネ五輪で銅メダルを獲得しました。

長嶋が公の場に姿を現したのは、1年と4ヵ月後のことでした。

懸命のリハビリを重ね、医師たちが驚くほどの回復を見せたそうです。その姿は、同じ病気でリハビリに取り組む全国の人たちに大きな希望を与えているといわれます。長嶋茂雄は病に倒れてなお、人々に勇気を注ぎ、新たな長嶋伝説をつくりあげたのです。
2013年5月、長嶋は愛弟子の松井秀喜とともに、国民栄誉賞を授与されました。

あとがき　長嶋さんへの永遠の感謝をこめて

誰かの影響を受けて進路が変わった、そういう経験をもつ人は少なくない。その意味で、長嶋茂雄は数えきれない人たちに影響や触発を与えた存在のひとりだろう。

長嶋は、生き方や思想などはほとんど語らない。長嶋自身の一挙一動、喜怒哀楽に満ちた身体全体の表情が見る者の心を動かした。長嶋は行動と存在で、周りを元気にする、やる気にさせる、ピュアな感情を呼びおこし本来歩むべき原点に立たせてくれる。理屈抜きの〈インフルエンサー〉だった。

私も長嶋の影響を受けて、感覚的に進路を変えた。長嶋が引退したのは、高校3年の秋だった。あの日、最終戦の試合前、長嶋がフェンス沿いに歩き、ファンと涙の別れを交わす光景を目撃しなければ、その後の進路は明らかにちがっていただろう。なぜか心に火がついた私は、猛烈に受験勉強を始め、大学でも野球を続けようと決心した。

はじめて長嶋に会えたのは、26歳の早春。単行本『長嶋茂雄語録』を出版した直後だ。日本テレビの控え室を訪ねると、ドアを開けて私の顔を見るなり長嶋は言った。

「この本だけはうれしかったあ」

宝石のような言葉。たった一言で、私は天にも昇る気持ちになった。その後、長嶋はローマ法王に謁見したときも、フリオ・イグレシアスに会ったときも、名刺がわりに『長嶋茂雄語録』を渡したと聞かされた。

今回改めて一冊の本にまとめたのは、「いまだから気づく、長嶋の意味や存在感がある」と感じたからだ。リアルタイムの長嶋は強烈すぎて、目の前の衝撃に圧倒されてしまう。ほとぼりが少し冷めたいまだからこそ、「なぜ私たちは長嶋に強く惹かれたのか」「長嶋は局面局面で、なぜあのような選択と決断をしたのか」、冷静な発見ができるかもしれない。それは「長嶋を知る」だけでなく、長嶋とともに生きた私たちそれぞれが、「あのとき何を考えていたのか」「何を気づかずに素通りしてしまったのか」といった、〈今更ながらの迂闊《うかつ》さ〉に気づいたりできる、それが案外、これからの人生を生きる深みや慈しみにつながる気がしたからだ。

大学生の息子にさえ、長嶋の魅力を熱く語れば温度差が生まれる。長嶋の現役時代を知らない世代が人口の半分を超え、監督勇退からも20年が過ぎた。我々と同じ熱さで、長嶋の熱に触れてもらえないかという願いもあった。

かつて「野球」が日本社会共通の話題であり、多くの人たちが野球で心を通わせていた。そういう時代があったことも、もはや「信じられない過去の遺物」かもしれない。日本には、長嶋とともに「苦しいこと、楽しいこと」を感じあって過ごした時代があった。我々世代には当たり前でも確実に風化している空気を、いま伝える意味もあるように感じる。


文章を〈ですます調〉で書いたのは、この原稿を、《講談・長嶋茂雄》の台本のつもりで書きはじめたからだ。コロナ禍で社会の分断が進み、スポーツもことごとく中止される中、人々に元気を届けたいと考え、浮かんだのが《講談・長嶋茂雄》のアイディアだった。同じころ、天才講談師・神田伯山を知り、鬼気迫る彼の講談に衝撃を受けた。神田伯山に読んでもらいたい、そう願いつつ書いた原稿がこの本の下敷きになっている。いずれどなたかがこれを講談で読んでくださる機会があればうれしい。

執筆にあたっては、長い間にわたって多くのみなさんから聞いた貴重な逸話を随所に反映させてもらった。多くの資料や記事なども参照させていただいた。この場を借りて心からお礼を申し上げます。また、さくら舎の古屋信吾編集長、中越咲子さんの賛同がなければ出版は実現しませんでした。ありがとうございました。

コロナ禍を超えて、日本が新たな時代をみんなでたくましくほがらかに築き上げていく未来を、そして長嶋茂雄という〈日本人の太陽〉の輝きが永久に不滅であるよう願って、この本を贈ります。

滅多に拳を握らない、いつも両手を開いて笑顔を振りまく〈調和の人〉長嶋茂雄のポジティブなエナジーが、みなさんの心に届きますように。

２０２１年（令和３年）５月　新緑の武蔵野にて

小林信也

著者略歴

1956年、新潟県に生まれる。慶応義塾大学法学部卒。高校では野球部の投手として新潟県大会優勝。大学ではフリスビーの国際大会で活躍。大学生の頃から「ポパイ」編集部スタッフライターをつとめ、卒業後は「ナンバー」のスタッフライターを経て作家・スポーツライターに。2000年に自らカツラーであることを著書『カツラーの秘密』(草思社)でカミングアウト。
著書には『長嶋茂雄　夢をかなえたホームラン』(ブロンズ新社)、『長嶋茂雄語録』(シンコーミュージック)、『高校野球が危ない!』(草思社)、『「野球」の真髄　なぜこのゲームに魅せられるのか』(集英社新書)などがある。

JASRAC 出 2103780-101

長嶋茂雄《ながしましげお》永遠伝説《えいえんでんせつ》

二〇二一年六月一〇日　第一刷発行
二〇二一年七月　四　日　第二刷発行

著者　小林信也《こばやしのぶや》
発行者　古屋信吾
発行所　株式会社さくら舎　http://www.sakurasha.com
東京都千代田区富士見一-二-一一　〒一〇二-〇〇七一
電話　営業　〇三-五二一一-六五三三　FAX　〇三-五二一一-六四八一
編集　〇三-五二一一-六四八〇　振替　〇〇一九〇-八-四〇二〇六〇

装丁　村橋雅之
装画　生頼範義
本文写真　朝日新聞社+毎日新聞社
印刷・製本　中央精版印刷株式会社

ISBN978-4-86581-298-5